増補版 かごしま歴史散歩

原口 泉 著
NHK鹿児島放送局 編

南方新社

はじめに―『増補版　かごしま歴史散歩』刊行に当たって―

二〇一九年三月、ＮＨＫ放送文化賞を受賞しました。受賞理由の一つは、「ＮＨＫ鹿児島放送局制作の地域番組への出演を通じ、約四〇年にわたり地域の文化・魅力を発信し続けており、幅広く放送文化の発展に貢献しています」でした。地域番組とは本書『ＮＨＫかごしま歴史散歩』です。番組は一九八六年鹿児島放送局五〇周年記念に書籍化しました。番組が始まったのは一九八〇年、六年後には「かごしま歴史紀行」と名を変え、毎月新しい番組製作は続き、最終的には一九九四年「マンスリー鹿児島　原口泉の新社会探訪」まで、一三年間、鹿児島県民に支えられた「長寿」番組でした。

その二五年後、ＮＨＫホールで「ＴＶ放送と私の歩み」と題して受賞のご挨拶をいたしました。次の通りです。

放送を通じて日本の多様な文化と歴史を世界に発信したい。そのためにはまず地域を知らねばならない。地域の歴史には必ず世界の人の心に響く魅力と普遍性があるはずです。アメリカ中西部のハイスクールを卒業し、東京大学大学院で日本史学を学んでから、私のふるさと鹿児島の国立大学に赴任しました。以来四〇年間、大学の教壇に立ちながら、奄美から沖縄まで南北九〇〇キロメートルの各地を回り、毎月「NHKかごしま歴史散歩」をはじめローカル歴史番組作りに携わってきました。

出発点はローカルでしたが、一九九〇年大河ドラマ「翔ぶが如く」の時代考証から全国に鹿児島の歴史をお届けするお手伝いができるようになり、一九九三年「琉球の風」、二〇〇八年「篤姫」、二〇一八年の「西郷どん」に到っています。

この間三〇年間、大河や朝ドラ「あさが来た」などに関わらせていただきました。一九八〇年、鹿児島大学赴任の翌年、鈴木健二アナの「歴史への招待」最終回に私の父、故原口虎雄と一緒に出演させていただいたのも思い出の一つです。現在奉職の志學館大学原口ゼミには山口・福岡・長崎・宮崎・沖縄県など各県からの学生がいます。彼らは篤姫の視聴世代です。番組が歴史に興味を持つきっかけになったと言います。

二〇一八年の明治維新一五〇周年まで、私は一貫して、明治維新とはいかなる変革であったのか？　世界史の中でどう位置付けられるのかを問い続けてきました。「西郷どん」の放送中、中国の三つの大学（清華大学・南開大学・遼寧大学）で講義、演題は「明治維新と西郷」でした。「篤姫」以来、ブラジル・イギリス・フランス・イタリア・アメリカ・ベトナムなど世界各地で講演するようになりました。ＮＨＫワールドで大河ドラマは海外にも放送されています。

幕末に薩摩藩はパリ万博に参加、薩摩・琉球の出品物が西欧の人々に絶大なインパクトを与え、ジャポニズム(日本趣味)現象の引き起こしに一役買いました。これからの日本は、芸術文化、食文化、サブカルチャーなど新しい文化を発信して、世界平和の構築に貢献したいものです。

以上が四年前のご挨拶です。このあと新型コロナのため世界の文化交流が委縮したばかりでなく、ウクライナ戦争まで起こっています。いまこそ世界各地の多様な文化と歴史の相互理解が必要な時代です。

「かごしま歴史紀行」やＭＢＣ・ＫＴＳ・ＫＫＢ・ＫＹＴなど、私が関わった各社の歴史番組の書籍化は、膨大すぎて実現しがたいのですが、去年は沖縄本土復帰五〇周年、今年は奄美本土復帰七〇周年ですので、本書を復刻するにあたって沖縄と奄美の歴史を増補しました。現在朝日新聞に連載中の記事です。近年の東アジアの国際関係の緊迫状況から鹿児島を取り巻く近隣諸国との歴史を振り返ることが必要と感じたからです。

本書刊行のご許可をいただいたＮＨＫ鹿児島放送局、ＮＨＫ出版と朝日新聞に感謝申し上げます。

二〇二三年五月二〇日

原口　泉

目次

序　章――かごしま歴史散歩の世界

薩摩の歴史のイメージは次の言葉に示されているようだ。維新、偉人西郷、政治家大久保、バンカラな薩摩隼人、名門島津氏、大国、先進性など。熊襲、隼人の古代から島津氏の入国、三州統一、島津氏征伐、朝鮮の役、関ヶ原の戦い、薩摩義士、薩英戦争、明治維新、西南戦争とつづく歴史はまことに豪華絢爛たる派手な、支配者中心の戦いの歴史であった。

この華やかな歴史を支えた背景の土壌は生産力が低く領民の暮しは貧困であった。貧弱な土地と貧乏な生活の中からきらめくような歴史の光彩が放たれているわけだ。貧困の中からギリシャ人が都市国家の中にギリシャ文化を生み出したように。

果してスパルタ教育に相通じるような郷中教育を持つ薩摩も過去において指針となるような歴史的遺産を我々に残してくれているだろうか。二〇〇〇年を生きるために私たちは郷土の歴史をふりかえる必要がある。

貧困な薩摩が全国を動かすような歴史を持つことができたのは何故か。明治維新に他藩が羨むような豊富な人材が輩出したのは何故か。薩摩独特の郷中《ごじゅう》教育の成果であろうか。郷中教育は人材の輩出にいかなる意味で効果的であったのだろうか。

島津氏は一二世紀の末、薩摩、大隅、日向国の守護職に補任されて以来、七〇〇年間、守護大名、戦国大名、近世大名と一貫して南九州の地を支配してきた名門である。

また近世薩摩藩の石高七二万石は加賀前田一〇二万石につぐ天下第二の大藩であった。その支配領域は宮崎県高岡町から沖縄県与那国島にいたる南北約一二〇〇キロにおよび本州の長さに匹敵する。

本土部に関しては、「封建制の極北」と言われるように強固な封建支配体制が構築された。質実剛健、自然経済、外城郷士制度と門割制度、男尊女卑、などの風潮が薩摩の表看板になっている。そこでは儒教道徳が尊重され、女性や商業は徹底的に蔑視された。

しかしそれは、家臣団統制や領民支配のための建前であって、藩自体が商業を蔑視したということではない。実は薩摩藩ほど商業を重視し、立国の基礎を貿易、商業活動においたところはない。お由羅騒動などのお家騒動で政権担当者が交代しても同じ経済路線を踏襲している。その路線とは、徹底した専売制であり、貿易依存、海商優遇、奄美の黒糖搾取の強化であった。近世初期から専売王国であったといってもよい。

領内の市場育成や商業振興、流通の促進を犠牲にしてまで専売体制をしいた理由はなにか。簡単に言えば、七二万石の重圧である。

関ヶ原の合戦で徳川家康にはむかいながら、和戦両様の巧みな外交術により、お家を安堵してもらったばかりの島津氏は、徳川幕府の課役には即応しなければならない。課役とは、参勤交代であり、大名お手伝い普請にお金を拠出することである。島津氏に命令されたお手伝い普請は駿府安倍川の土手築造、江戸城の修築、上野寛永寺の本堂の建造、禁裏造営の木材献上など非常に多い。そのうち最大のものが木曽川の治水工事であった。

現代でも大金を即座に用意することは至難の業である。経済力の弱い薩摩藩が大金を用意しなければならないのである。いきおい薩摩藩の国産品は現物で年貢として島津氏の蔵へ収納され、海商たちの手で上方へ運送され、藩吏を通じてなるべく高値で売りさばかれることになる。いわゆる「大名の町人化」である。

また藩内では国産品の開発に死物狂いであたらなければならない。一向宗が薩摩藩で禁制であったのも、ひとつには平等思想が封建領主の権威をないがしろにするということもあったかもしれないが、なによりも一向宗の教団が搾取本願といわれるほど年貢をピンハネし、さらに島津氏にとり悪いことには、集めた国産品を中央市場で売り捌く能力、価格の操作力を本願寺勢力が持っていたからではなかろうか。いわば商売仇、ライバルなのである。このような薩摩藩の体制を私は「総合商社サツマ」であるとみている。

社長は歴代の島津の殿様。経営者であるからには当然「島津に馬鹿殿無し」といわれるようでなければ会社はつぶれる。専務は勝手方（財政担当）の家老。そして第一線の社員は、各港にいる御用商人、海の豪商たちである。

このような体質をもつ薩摩藩にはつぎのような御家芸があったといっても、もう驚かれないであろう。

(1)五〇〇万両借金の踏みたおし

(2)密貿易　「港町栄ゆ」「寒天を密造す」「フカヒレ西へ行く」

(3)にせ金つくり　「藩営にせ金工場」
(4)奄美の農民いじめ（黒糖の搾取）
(5)御用盗にみられる政治的挑発
以上のことが藩営の規模で大々的に行われたことが特徴である。

それぞれは面白い興味をひくトピックであるが本書の目的は必らずしも、それらの事実を明らかにすることにはない。今日的視点から見て、なにを薩摩の歴史、我々の精神の軌跡からまなびとればよいのか。それが本書の課題である。郷土を誇りと思うお国自慢ではなく昔を懐かしむ懐古趣味からでもない。面白い歴史を談ずるだけの、いわゆる史談であってはいけない。歴史学の課題は、過去の歴史を語って楽しむことにはなく、過去の歴史を自戒と反省の出発点とすることにある。

では薩摩の歴史を特徴づけているのは何であろうか。

日本の県民性や生活慣習が形成されたのは江戸時代以降のこととされているが、日本人の生活様式の原型ができたとされる江戸時代は鎖国の時代である。この鎖国日本のなかで島津七二万石の内には、三つの異国、異域をもっていた。このことは他に見られない大きな特徴である。異国とは「琉球国」であり、異域とは「奄美」と「苗代川《なえしろ》（高麗人社会）」である。三つの異域を持ちながら薩摩藩は身分的差別を含みながらも、伝統に根差した強固な等質社会・均質社会をつくり上げている。多様な民族と、同じ民族内でも下層民から郷士、城下士までを多重な身分差別を設けながら、領国内に構造化している。

しかしその全体的な特質は、今日まで受けつがれている社会的体質としての等質社会、「ムラ社会」である。国境の領国薩摩藩が、きわめて今日的な社会体質をすでにもっていたことは注目に価すべきだ。封建時代に近代日本の祖型が出来上がっているともいえよう。

均質社会を実現しているイデオロギー、論理は種々考えられる。一つは、ある意味では合理的な儒教主義、または儒学と融合した薩南禅学がある。もうひとつは、古代以来の山岳宗教や、祖先崇拝の信仰形態、これは非合理的な様々な迷信的なものを包括する。修験道、山岳宗教、密教的世界など非合理的民間習俗全般である。さらに三つめには国学、神道が国民統合の一つにおおきな力となっている。

それは神国日本、神風などにあらわれている。幕末の薩摩においては平田派の復古神道が全盛をきわめ、明治政府の宗教政策のモデルとなるような激しい廃仏毀釈の動きが見られた。維新政府の中で神道国教化政策をすすめたのも薩摩出身の国学者であった。彼等によって天皇制の理論的構築が試みられたようだ。

以上の三つが薩摩人としての同族意識の形成に役だっているようである。そして、その意識の再生産のために独特の教育システムが用意されていた。郷中教育の当初の思想的根拠は儒学、朱子学にある。

しかし、郷中教育は私見によれば、徂徠学の影響を受け、人材輩出の教育システムとして再編をうけた。水戸学も朱子学から出発し、後期水戸学においては徂徠学の影響を受けたことが明らかにされている。

徂徠学的郷中教育として完成された郷中教育は、西南戦争後、朱子学的道徳への復古を伴いつつも、学舎教育として鹿児島県の教育界に受けつがれ、戦前まで命脈を保っていた。

かごしま歴史散歩の中から読みとってほしいことは、薩摩ほど異国、異文化と接触しながらも、きわめて日本的な均質社会をつくりあげてきたことの意義である。そういう社会を築きあげた先人の精神の軌跡を学び、その歴史的形成過程を踏まえておくことが、南の起点づくりを進めるにあたっても、鹿児島県が日本の南の先端にあって、国際社会と協調的に発展していくためにも、不可欠の条件であろう。国際交流と地域振興が一帯となった「むらおこし」をすすめていく上でも大事な視点である。薩摩はつねに外国と接触してきた。例えば、ペリーの浦賀来航より、九年も早く、外圧に見舞われている。中国とは隣接しており、古代から交渉がある。鎖国の時も琉球国は中国と朝貢貿易をおこなっている。このような地理的環境にある薩摩人は、藩としてのアイデンティティやナショナルな課題に早くから目覚める。

国旗(日章旗)や君が代が薩摩人の手によって生まれたのも、国際的環境の所産と言えよう。ヨーロッパのように大陸で、国と国が接しているような所では、中央よりも、かえって辺境の国境線の住民の方が研ぎ澄まされた国際感覚を持ち、ナショナルな意識を持っているというが、薩摩人にも該当するようだ。ヨーロッパ社会との対比でいえば問題はつねに外国と接する地理的位置にありながら、「薩摩隼人」だけの強固な均質社会を造りだしたことにある。その過程を究明するのが歴史学の課題である。

鹿児島人は決して単一純粋民族ではない。日本の中では、私達の先祖ほど多種多様な民族が入りまじりあって構成されているところはない、まるでカライモが中国伝来のものであるのに、鹿児島のものになりきっているのに似ている。

県民意識の点でも、私達は「薩摩隼人の国」という共同幻想を持っていると思う。そういう意識はどのように形成されてきたのであろうか。ザビエルを受けいれ、洋式工業を導入した薩摩人は他民族の構成要素をもっているのに、本当の意味で、外国人にたいして、包容力があるのだろうか。庶民の民間習俗の面からみると、キリスト教のような外来宗教をウェルカムするが、決して、信仰の深みにまでは到達しない、つまり本質的には拒絶するという習性があるようだ。本書は郷土の歴史を誇りに思う、お国自慢の書ではなく、むしろその逆、将来の地域社会を形成していくための自戒と反省の書としたかった。その意味で、本書は新しい時代を切り開かなければならない、若い同世代への呼びかけの書である。

第一章　薩摩その虚像と実像

1 江戸上り

市来《いちき》町で旧暦七夕の日に踊られる七夕踊り、その中に琉球人行列がある。その踊りは、一風変わった独特なものである。県内各地には琉球人踊りというものも残っているが、いずれも薩摩藩と琉球国との歴史的関係の深さを物語っている。なかでも市来町の七夕踊りの中の琉球人行列というのは、「江戸上《のぼ》り」といって琉球使節が江戸に上る時の様子を取り込んだ風変わりなものである。

そもそも江戸上りとは、琉球国の使節が、徳川将軍の代替りのたびにお祝いを述べる慶賀《けいが》使と、琉球国王が代わった時にそのお礼の挨拶を述べる謝恩使がそれぞれ江戸に上ることをいう。多いときには二〇〇人ぐらいで隊を組む。その中に、路次楽《ろじがく》という中国風の今のブラスバンドにあたる楽隊が編成されていて、にぎやかな宿場町で演奏した。それをまねたなごりが、市来町の琉球人行列で、現在でも楽隊を編成して踊りにあわせて演奏している。まさしく江戸上りの路次楽を農民が取り込んで、自分たちの踊りとしたものである。

県内だけではなく、江戸までの道中、見物人の多い町々で路次楽は演奏された。大坂、名古屋、そして江戸と主要な大都市ではかなり派手に演奏された。しかもこの一行はすべて日本風俗を禁止され、異国風の中国あるいは琉球の服装をしていたので、外国を知らない一般庶民にかなり大きな反響をよんだようだ。鎖国時代、一般庶民は異国の文化に接する機会がないわけで、カルチャーショックは大きかったと思われる。

七夕踊りだけでなく、江戸上りの影響は全国各地に残っているはずだが、目に見える形での影響は、江戸時代に出版活動を盛んにしたことがあげられる。出版界には、一種の琉球ブームが起こり、琉球ものの刊本がどんどん発行されて売れていった。出版がまた江戸上りの評判を高めたようだ。天保三年が琉球ブームのピークであった。江戸上りはこのように市中の出版活動に結びつき、結果として多数の琉球物の刊本が生み出された。その数は九二件に及び、行列図や滝沢馬琴の読本の読者は一般庶民であった。江戸上りが採算に合うだけの読書量をひきおこしたといえる。

写真は、一八三二(天保三)年に出版された錦絵だが、これは実際に江戸上りの行列を見て出されたものと思われる。中国風の服装と楽器を持った琉球人の容貌は、まるで異国人である。この錦絵の中にある「中山《ちゅうざん》王府」と書かれた牌《はい》

琉球人参府行列の図「江戸期琉球物資料集覧」より

という看板のようなものは、七夕踊りの中にも見られる。楽器もすべて市来町の七夕踊りにそろっている。例えば、横笛《ホアンホー》や鼓、銅羅《ドラ》、新心というシンバルみたいなものがある。これらは、当時としては奇妙な音に聞こえたことであろう。

このように琉球人の江戸上りは郷土芸能や出版界へ影響を与えたが、一方、琉球の文化が本土の文化の影響を受けた面もある。もともと路次楽を演奏・指揮する人は音楽の才能のある役人であるので、本土各地で歌舞伎とか能とか狂言などの芸能を研究して、琉球の芸能に取り入れていった。沖縄の古典芸能の一つである組《くみ》踊りも一八世紀の中頃、江戸上りをした玉城《たまぐすく》朝薫が、日本芸能を研究して創作したものである。玉城朝薫が創作した組踊り五つのうちの一つ、「二童仇討」は琉球の史話を題材にしたものだが、歌舞伎の影響を受けており、日本本土と沖縄の芸能が交流した例である。江戸上りは本土と琉球との相互の文化交流の役割を果たした。

江戸上りは二〇〇年の間に一八回行われている。そのうち天保三年琉球王襲封の謝恩使一行の記録によって行程を辿ってみよう。これは儀衛正《ニィウィチン》という路次楽隊の指揮者が記した日誌である。琉球と鹿児島の間は、約三〇〇里半、鹿児島から江戸までは四一一里余、計七一一里余の行程である。一行が鹿児島にある琉球館という役所を出発したのが九月一日、鶴丸城で勢揃いし、千石馬場を通り、西田橋を渡り、水上坂《みつかん》までは、ずっと路次楽を演奏しながらの出発であった。坂を上ってしばらくすると横井《よけ》の野町《のまち》である。参勤交代のときの見送り人は普通、ここまでで、横井で弁当を食べ、別れの盃をくみ交わすものであった。一行はひと休みしたのち、伊集院に向かい、一泊する。

翌朝早く伊集院を出発、路次楽の音が高らかに鳴りひびく。一〇時頃市来湊《いちき》に到着、お仮屋《かりや》で昼食をとる。お仮屋とは、藩主が参勤交代のとき休憩したり宿泊する所である。とくに市来湊のお仮屋は大きく、旧お仮屋跡の周辺は現在でも、昔の参勤交代路の面影が感じられる。市来でも路次楽隊の演奏が村はずれまで続く。次の宿場は川内川を渡った大小路《おおしょうじ》宿である。翌九月三日は参勤交代に向かう島津斉興にごきげん伺いをすませ、舟遊び等を楽しんだのち、暮れ時分に帰宿した。九月四日は新田八幡宮に参詣、陶磁器の窯元の皿山《さらやま》見学に時をすごす。六日は一〇時頃出発、渡唐口《とんぐち》から川舟に乗り、午後二時すぎ河口の久見崎《ぐみざき》に着き、関船《せきぶね》という大船へ乗りかえた。しかし七日からなか九日間、風

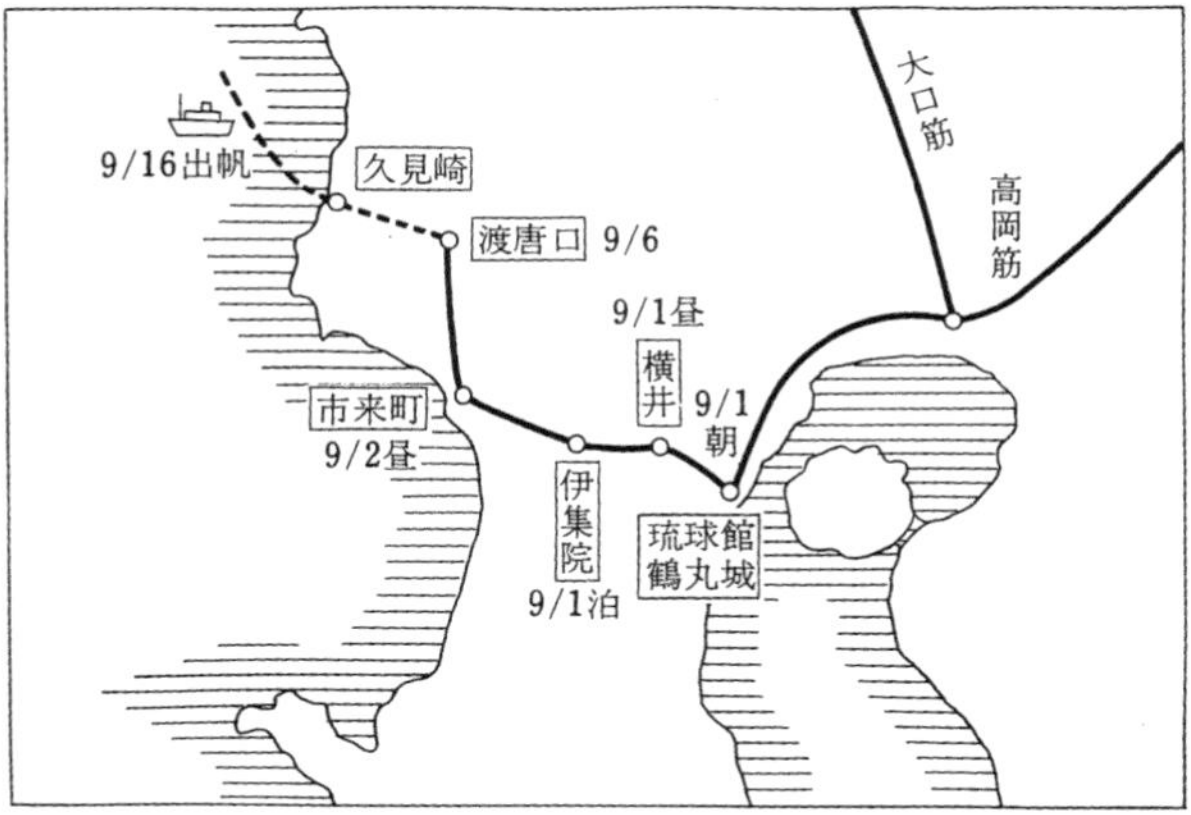

天保三年の江戸上り行程図

待ちで滞船、一六日ようやく順風にめぐまれ出帆となった。久見崎から大坂までは海路である。

一〇月一六日大坂屋敷到着、美濃路、東海道をとり、江戸に着いたのは、一一月一六日であった。二か月半の旅である。江戸では閏《うるう》一一月四日に江戸城に登城、将軍への挨拶や上野参詣などで一か月余をすごし、一二月一三日帰路についた。帰りは二か月と二〇日余かかり、翌天保四年三月五日鹿児島に帰着した。さらに一行が那覇に入津したのは四月八日であった。

島津斉興は琉球人使節一行とは別に川内から小倉まで陸路をとり、小倉から一足先に江戸に参勤している。一行が船出した久見崎は、藩の重要な軍港であった。朝鮮の役に出陣する島津の軍勢一万人余りも久見崎を出港している。日和山《ひよりやま》という天気の様子を見た小高い丘もある。藩政時代は藩の直轄地となっており、造船所を備えた海軍基地であった。ここを出る江戸上りの一行の船は、のぼりや旗などで満艦飾に飾られ、路次楽隊のにぎやかな演奏を流した。肥前の松浦侯の領海を通過するときも派手なデモンストレーションを行っている。

江戸上りの行列は、琉球人の使節が真中にいて、その前後を薩摩の役人が固めて警護している。実にものものしく、また仰々しい。実は、薩摩の役人が琉球国の使節を連れていくところに意味がある。将軍に対する琉球国の大きな儀礼の一つであると同時に、島津氏が琉球国という「異国」を支配していることを内外に誇示する行事であった。

江戸時代における幕府・薩摩藩・琉球国の関係を見てみよう。豊臣秀吉による朝鮮の役が挫折した後、日本と中国との交易関係はとだえてしまう。そのあと島津氏は関ヶ原の戦に敗れ、薩・隅・日の三か国に閉じこめられ、北進の途を閉ざされる。そのため島津氏は新たな活路を南に見出さなければならなかった。そこで当時明との貿易・国交を望んでいた幕府の許可を得て、一六〇九年に島津氏は琉球国を征服する。島津氏の琉球入りといわれる事件である。ところが島津氏は琉球国を実質的には自己の支配下に置きながら、琉球王国を存続させ、国際的には独立王国たるの体裁を保たせた。琉球王国は日本と同一民族の国であるが、「異国」のまま、すえおかれた。島津氏にとっては、実質的に、琉球が中国と行う朝貢貿易の利をとればよかったのである。と同時にそれだけでなく、「異国」を支配している事実を政治的に巧みに宣伝したのである。将軍にとっても、朝鮮や琉球、オランダの使節から挨拶を受けることは権威を高めることになるし、取りつぎ役の島津氏の評判も高まることになった。つまり、江戸上りというのは、薩摩藩によって演出された壮大な政治劇だったのである。江戸上りで琉球人が異国人として日本国内に印象づけられたことは、近代になっても誤まった琉球観を日本人に植えつけることになった。これが最大の否定的側面であろう。しかし、文化的には日本の出版ブームを呼びおこした点や、日本の芸能が沖縄へ影響を与えるきっかけとなったという役割も果たしている。

薩摩藩は、源頼朝の庶長子といわれる毛並みの良さや、加賀一〇二万石につぐ七二万石という天下第二の石高の大きさにより、大藩の名をとどろかしていたわけではない。大藩イメージを得るために、実は「江戸上り」という壮大な演出を行っていたのだ。またもう一つの政治的な効果として、百姓一揆の予防につながった。「江戸上り」により島津氏の権威は、無言のうちに領内の百姓の心の中で高められていったと思われる。物珍らしそうに「異人」の路次楽を眺める百姓は、一時、農作業の苦しさと年貢の厳しさを忘れることができた。そして自分達の踊りの中にその模様を取り入れていった。薩摩は百姓一揆の無い国といわれるようになったのも単に武力で抑えつけていたからばかりではあるまい。

参考文献
○宮城栄昌『琉球使者の江戸上り』昭和五七年一〇月　第一書房
○横山学『江戸期琉球物資料集覧』(全四巻) 昭和五六年七月　本邦書籍
○松浦静山『甲子夜話続篇』昭和五六年四月　平凡社東洋文庫三九六
○『市来町郷土誌』昭和五七年三月　市来町役場

2　薩摩飛脚は冥途の飛脚

――他藩に実態をみせない二重鎖国――

　宮崎県高岡町は、旧薩摩藩領の東北端にあたる。藩内一〇三外城《とじょう》のうち高岡郷という大きな郷があった所だ。町内の天ケ城《あまがじょう》公園からは、宮崎市が展望でき、大淀川がその下で大きく湾曲して平野部へかかっている。古来、この地域は久《く》津良《ずら》と呼ばれ、日向の中原の要所であったので、諸豪族が争奪を繰り広げた。特に伊東氏と島津氏の角逐《かくちく》の中心舞台となった。島津氏も宮崎平野における勢力維持のために、久津良に新城を築き高岡城（天ケ城）とよんだ。

　高岡郷は鹿児島城下から約二七里、東北の端に位置している。そもそも鹿児島城下から領外へ出る主要な街道は、出水筋《いずみすじ》・大口筋《おおくち》・高岡筋の三本あり、高岡筋が高岡郷を抜ける街道である。出水筋は西目筋《にしめすじ》ともいい、川内《せんだい》・阿久根・出水を通って肥後国へ出る海沿いの道。大口筋は、鶴丸城から北へ加治木・大口を通って肥後国へ出る。高岡筋は、加治木から都城を経て高岡へ抜けるコースで、東目筋《ひがしめすじ》ともいう。この三本の街道には、それぞれ野間関《のまのせき》・小川内関《おがわちのせき》・去《さる》川関《かわのせき》という名だたる関所が設けられていた。このうち去川の関だけは、関所の外側に高岡郷・穆佐《むかさ》郷・倉岡《くらおか》郷・綾《あや》郷などの「関外四ケ郷《かんがい》」が置かれていた。関外四ケ郷は島津氏が宮崎平野（山東）を経略しようとして二世紀のあいだ専念して手に入れた島津氏の勢力圏であった。高岡郷は関所の外にあって藩領を守っているわけで、「人をもって城となす」という考え方に基づいている。外敵が侵入する場合、関所を破る前に高岡郷士が応戦し、去川の関は内外から固められる。高岡郷士はいわば領外の番人である。

日向国と薩摩藩の関係については、もともと日向国の三分の一の広さを占める諸県郡《もろかたごおり》は旧薩摩藩領からなっており、鹿児島とのつながりは緊密であった。日向国全体の所領配置の特徴は、所領関係が錯綜しているところにある。まず譜代の延岡藩、外様の人吉・飫肥《おび》・高鍋・佐土原などの小藩が分立している中に、要所要所に幕府領が点在している。この中に薩摩藩領が割り込んでいるので、当然全域的な一体感は育ちにくい。こういう支配関係が江戸時代一貫して続き、廃藩置県に及んでいる。これに対して鹿児島県側の薩摩藩領は、平安時代末以来、島津氏という同じ領主で統治されてきたので、七〇〇年にわたる長い間には家臣と主従の関係が強くなり、領民と島津氏との結びつきも深くなり、

南九州の所領配置略図

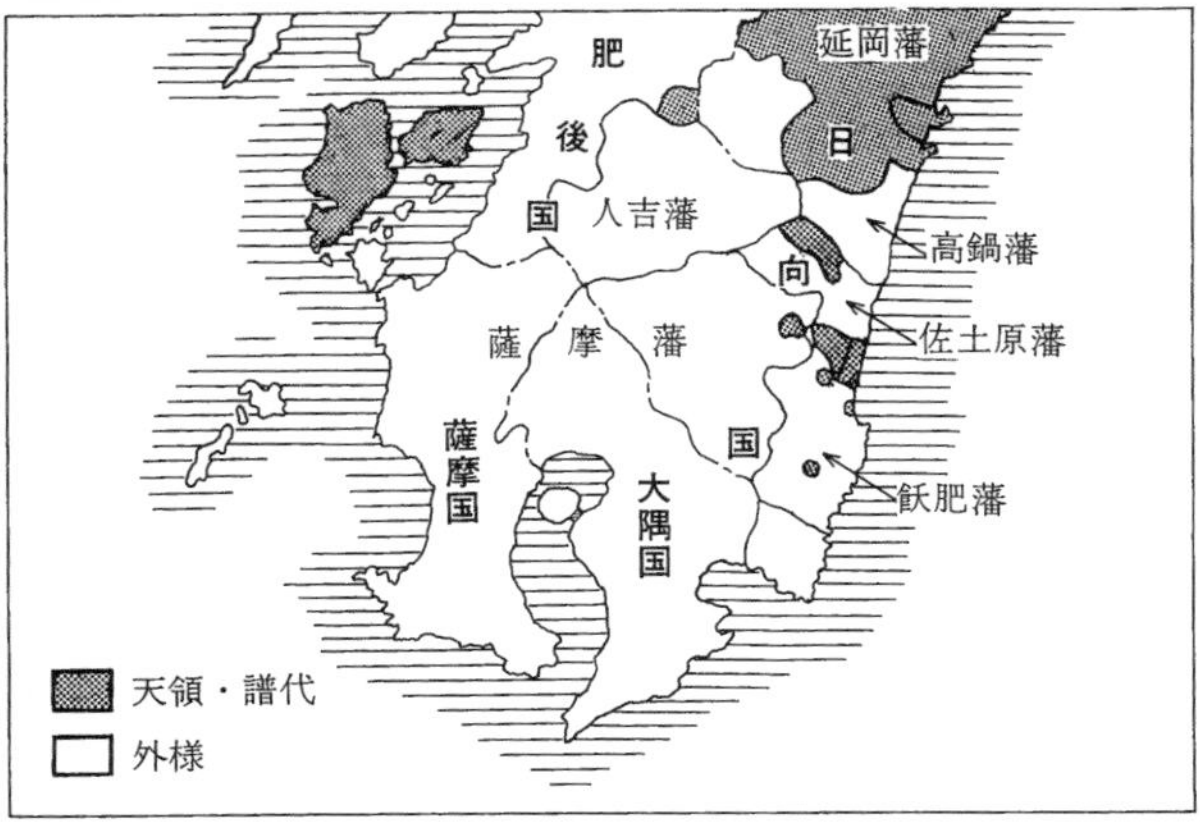

同族感情のような一体感が形成されてきたと思われる。その点が、鹿児島県と宮崎県とでは著しい差異であろう。

高岡の町は、現在でも薩摩藩独特の武士集落である麓《ふもと》の景観をよくとどめている。天ケ城公園をおりて麓の街並みを歩くと落ち着いた雰囲気が感じられる。いわゆる武家屋敷町である。一六〇〇(慶長五)年関ヶ原の戦に敗れた島津氏は、天ケ城を築き、守りを固め、大隅・薩摩・日向の諸郷四〇か所から武士七三〇名余りを移した。元和の一国一城令で、天ケ城が廃城となり武士はすべて城の麓に移り住み、整然とした武家屋敷が形成された。

高岡郷は、出水・大口とならぶ国境の大郷で、軍事上の重要基地であったので、とくに優秀な武士が配置されている。外城の郷士としては破格な二〇〇石、三〇〇石も知行をもつ高給取りがかなり存在する。石垣とか立派な長屋《ながや》門が残っているのはそうした高禄の武士の屋敷跡である。麓を通る旧街道を南西の山の方へ大淀川に沿って一〇キロメートルほど行くと去川の関に着く。ここはまさに天然の要塞である。両側に高い山がそびえ、旅人は山づたいに来ても川づたいに来ても結局はここで川を渡らねばならない。ここにしか渡船場がないからである。現在は上流に大きなダムができたので水が枯れているが、大淀川は高岡郷のあたりでは激流となり、その激流が一か所だけ上下を大きな岩によってふさがれ、プール状態になった所があり、舟で渡れた。他の所は舟をおろすと矢のように流れたといわれている。渡船場では、旅人が、対岸にいる舟を「オーイ」とでも声を出して呼ぼうものなら無礼討ちにあったという。舟は関所側のつごうで出すもので旅人のつごうで出すものではなかった。

また去川の関は実に恐ろしい所として知られていた。鹿児島で他国人が罪科に問われ「日向送り」あるいは「長送り《ながおく》」とされた場合、去川の関所へ送られ、関所を出た所で帰国を申し渡されるのであったが、関所を出たが最後、高岡郷の兵児二才《へこにせ》どもが寄ってきて抹殺する定めであった。国外追放は死刑を意味した。西郷隆盛は、幕末に安政の大獄にゆれる京都から勤皇僧月照《げっしょう》を薩摩にかくまおうとして連れて来るが、幕府をはばかる藩の方針により日向送りとされたために、月照を擁して錦江湾に入水自殺をはかっている。

現在、関所の跡は、建物はなく、石柱が一つ残っているだけである。関所には渡船場へ向いて表門があり、その門柱の一つである。薩摩藩では他藩にくら

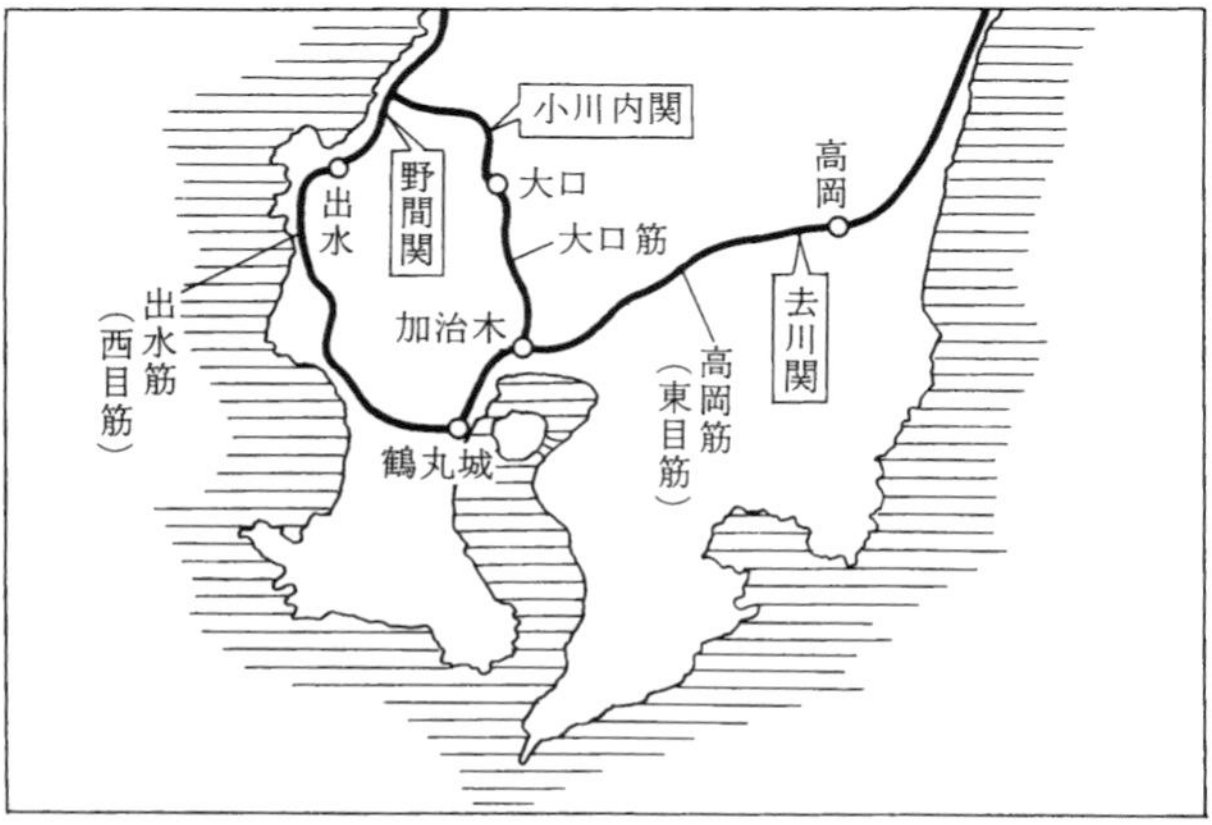

薩摩藩の主要道と関所

べて監察制度がきびしい。とくに本街道の国境におかれた関所における出入国の手形《てがた》検査のきびしさは有名であった。一八世紀も末頃、九州一周旅行中の古河古松軒《ふるかわこしょうけん》という人が薩摩藩に入ろうとした時の記録が残っている（『西遊雑記《さいゆうざつき》』）。古松軒は六十六部《ろくぶ》の修行僧に身を変えていたが、手形の検査ならびに荷物の検査は厳重であった。そのとき、領内に入るのにお金を銀三分以上持っていなければ入れなかった。領内に入って行き倒れにでもなると百姓の迷惑になるので弔い料だけは身につけていなければならなかったのである。十分な路銀を持たない旅人が入国するのは、泥棒するかもしれないし治安上も歓迎できなかった。それから見せ金という通行税も徴収された。関所役人が荷物をとがった鉄のようなもので刺して調べるので、それを免れるためにお金を贈ったもので、一種の賄賂《わいろ》のようなものである。一八世紀も末といえば、だいぶ他の国では関所の調べもゆるくなっていた頃かと思われ、また島津重豪《しげひで》の開化政策の後で、島津領には行きやすくなったという話を聞いてきた古松軒であったが、薩摩では依然として監察制度が厳しかった。

関所跡の近くには、御定番《ごじょうばん》という代々の関所役人であった二見《ふたみ》家が残っている。二見家はもともと伊勢国の出身である。織田信長に攻められた二見浦城主の二見石見守久信が九州に覇をとなえていた島津氏をたよって家来ともども仕えるようになった。もともと一城の主で家来もあるので島津家としても去川の関所の守りを担当させたのである。現在の屋敷は観音開きの武家門となっており、八〇石以上の高禄の士でなければ許されない様式であった。一一代までが御定番として勤め、現在は一五代のミネ未亡人が住んでいる。江戸時代は参勤交代の殿様が休息する御座《ござ》の間があり、鑓《やり》をかける鑓の間も残っている。西南戦争のとき官軍の宿営にあてられ、格護《かくご》していた槍・鉄砲などの武器は奪われたという。

ではなぜ薩摩藩ではこれほど厳しい監察制度が設けられたのであろうか。まず政治的意味は、封建社会では外からの危険な情報や思想が流入するのを阻止することが必要であった。例えば、薩摩藩では一向宗《いっこうしゅう》はご法度であったが、一向宗の僧侶の入国は関所で厳しく規制されている。また疱瘡などの伝染病が入り込むのを防ぐ効果も副次的にあったであろう。次に軍事的な意味が大きい。外様の薩摩藩は、建て前としては徳川幕府に対して臨戦態勢を崩していない。

武士には日常が戦時、家庭が戦場という覚悟が必要であった。また、領外に外敵を想定することは、領民を支配する上では、領内の矛盾を解消させることになり、やはり好都合であったろう。しかし、江戸時代を通じて藩が、「二重鎖国」といわれるほど強い独立鎖国性を保とうとした最大の理由として経済的な要因が考えられる。薩摩の国産品を農民が勝手に領外へ持っていって売ることと、他国の商人が勝手に領内に入って集荷することを、藩は禁じた。経済封鎖である。国産品は主に藩の手で領外に売られるのが専売制の原則であった。また琉球・中国・南方との密貿易も、もっぱら藩のお家芸であった。南方との取り引きの事実を隠ぺいするためにきびしい関所は必要とされた。

このように関所は、政治・軍事・文化・経済というすべての面で統制機能を果たす砦となっていた。そういう関所があったからこそ、薩摩藩は日本の最南端にあって、中央の政局からは、常に局外者として自藩を安全に保ちえたのである。

参考文献

○本田親典編『高岡郷土史』昭和七年

○『日本の街道』八　昭和五六年六月　集英社
○古河古松軒「西遊雑記」（『近世社会経済叢書』第九巻）　昭和二年　改造社
○村上恩『狭野《さの》杉物語』下　昭和五七年一一月
○『江戸時代図誌』二三　昭和五〇年　筑摩書房
○日高慶治「去川の関」（『郷土史たかおか』第七号　昭和五三年三月）

島津氏略系図

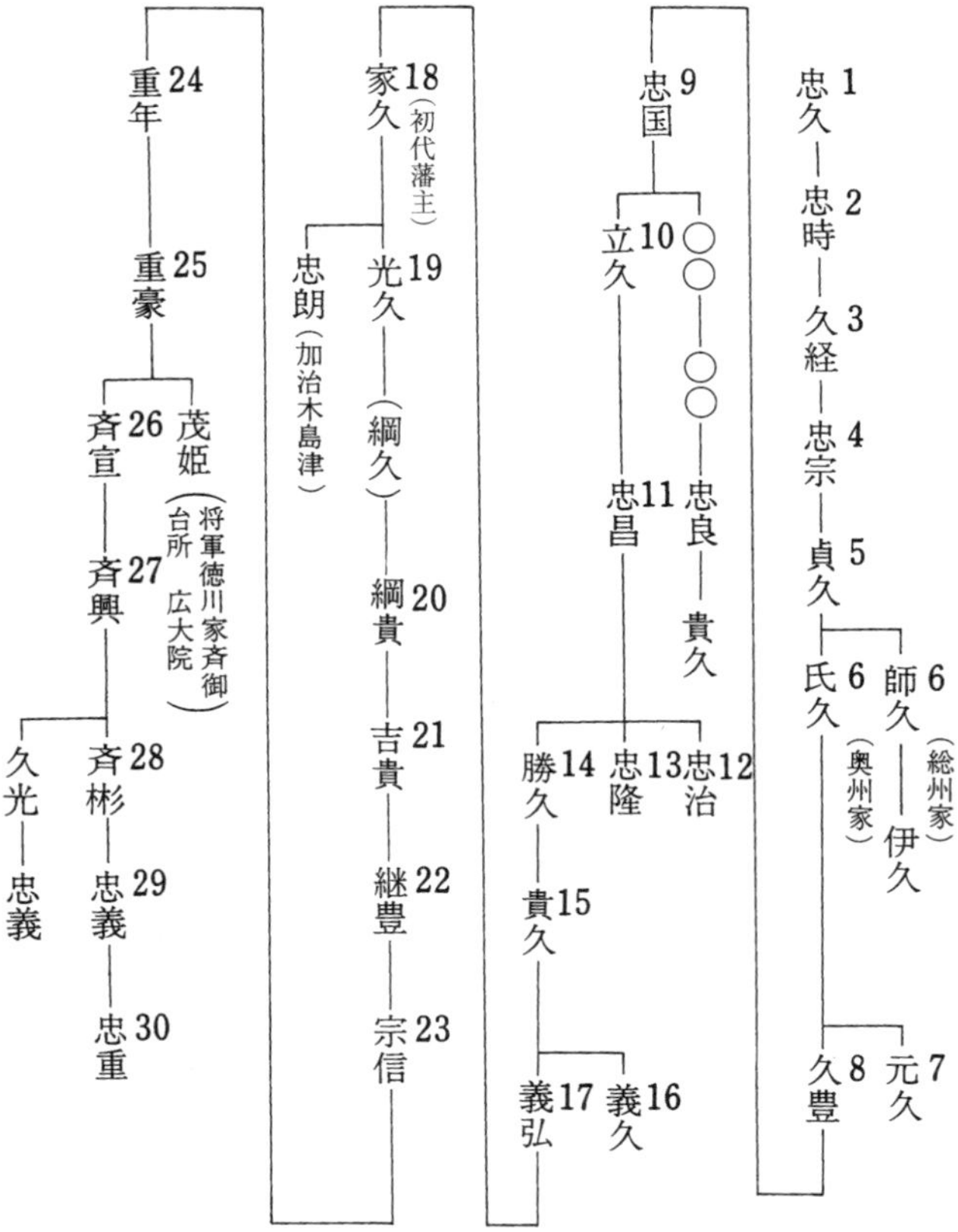
忠久 1
忠時 2
久経 3
忠宗 4
貞久 5
氏久 6
師久 6
（総州家）
（奥州家）
伊久
元久 7
久豊 8
忠国 9
立久 10
○○
○○
忠良
貴久
忠昌 11
忠治 12
忠隆 13
勝久 14
貴久 15
義久 16
義弘 17
家久 18
（初代藩主）
光久 19
忠朗
（加治木島津）
（綱久）
綱貴 20
吉貴 21
継豊 22
宗信 23
重年 24
重豪 25
斉宣 26
茂姫
（将軍徳川家斉御台所　広大院）
斉興 27
斉彬 28
久光
忠義 29
忠義
忠重 30

第二章　藩の台所は火の車

1 錫山

日本での錫《すず》鉱山は数少なく、兵庫県の明野《あけの》鉱山と鹿児島県の谷山鉱山だけしかない。谷山郷の錫は一六五五（明暦元）年に、八木主水佐《もんどのすけ》元信が開発した。元信は私費で錫山の開発にとりくみ、尾張・美濃などから採鉱技術をもつ人たちを集め、錫の生産につとめた。子の宗信と二代五〇年にわたり産出に力を注ぎ、好成績を上げることができるようになった。

当時、藩に納めた運上銀といわれる税は、銀三〇〇貫目にあたる。これは玄米に換算すると六〇〇〇石となる。江戸時代の金山としては、全国的にすぐれた産出量をもつ山ヶ野（永野）金山、枕崎の鹿籠《かご》金山、谷山の錫山の三つが薩摩の三山と称されていた。一七〇一（元禄一四）年に藩は幕府に谷山の錫を採掘する許可願いを出し、許可を得て直轄の鉱山とした。

薩摩・大隅・日向の三ヶ国を領する七二万石の大藩といっても、その石高は籾米で、玄米ではその半分にしかならない。それだけにこの三鉱山の収益は藩財政の大きな支えとなった。宝暦年間の木曽川治水の難工事を幕府から命じられ、ぼう大な借財をかかえた藩では、錫山の増産を督励した。このとき四六〇〇斤（約三トン）ほどから六、七〇〇〇斤まで増産されたという。
幕末に殖産興業に努めた島津斉彬は、大砲の鋳造など、軍事的観点から錫山の産出量拡大に特命を出した。新たな鉱脈、湧き上がり鉱が発見され、電気爆破法もとり入れて、充満金（十万斤）時代といわれるほどの大増産がおこなわれた。

豊臣秀吉の華麗な桃山文化を支えた豊富な黄金にみられるように、金銀の鉱山は為政者にとっては年貢米につぐ重要な財源であった。また通貨鋳造・海外貿易・武器製造にも鉱山は不可欠なものである。徳川幕府は佐渡金山をはじめ、大きな鉱山はほとんど直轄領とした。

江戸時代から産出された錫は、日本では非常に稀少な金属であったが、どのように使われたのだろうか。現在でも鹿児島の特産品として美術工芸品がつくられているが、その種類は、酒徳利・花瓶・とそ器・茶つぼ・トロフィーなどである。

『薩州産物録』をみると薩摩藩で製作された錫器は、酒徳利・水差しなどの食器が主だったようだ。また、銅九〇％、錫一〇％の合金は鋳造しやすく、強靱

谷山旧鉱あと

で腐蝕に耐えることから、機械の部品・軸受けなどによく用いられている。谷山の錫は錫鉱の含有率が高い高純度の品位をもつ。鉱脈に沿って槌《つち》で手掘りし、金山や炭鉱のように坑道ふかく掘り進めていく。

正錫の金属にする過程は、まず掘り出した粗鉱を仮焼きする。それを石ウスでつき砕いて、さらに粉状にし、それを粘土状の「ゆい」に仕上げる。これらを溶いて水に流し、比重の違いで選鉱して精鉱を得る。これを高火度で焼いて熔かして精錬され、正錫がとり出される。『明史』の「マラッカ伝」にみえる工程と同じく、かなり原始的な精錬法である。

「掘りこ」とよばれる採鉱夫たちをはじめ、精錬までの労働はそうとうきついものであったことだろう。「石当節《せきとう》」に伝えられる労働歌にもその生活ぶりがしのばれる。

江戸中期の記録では、山師という独立して掘り出しを請負う人が一五〇人・四〇戸、その配下に掘りこ、大工、雑役などが各々ついていたため、この谷山郷の錫山は相当数の人びとをもつ鉱山町とし

谷山錫鉱山あと見取図

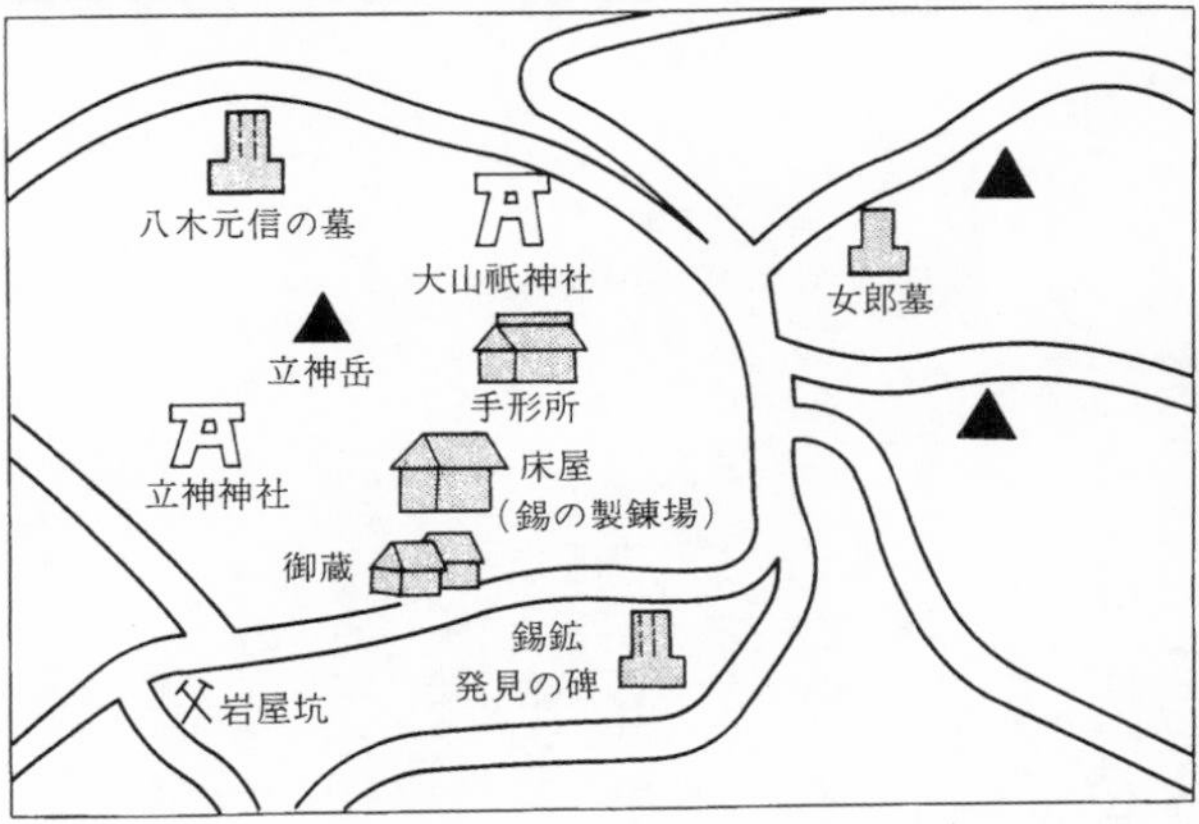

て繁栄していたと思われる。また、山師は士族の待遇をうけたが、農事を藩から禁じられていたため、この町は、年貢米の市場としても消費経済圏を形成していただろう。谷山をとりしきる役所は手形所とよばれ、ここに金山奉行、書役などが勤めていた。当時のありさまは、『三国名勝図会』に詳しい。今も残る遊女の墓は、谷山錫山の繁栄をしのばせる。また戦前の錫山相撲は大へんな賑わいを見せていた。

かつての鉱山町は、鹿児島市下福元町錫山の地名に残っている。八木神社、八木元信の墓、手形所跡、露天掘り跡などが見られる。また今ある錫鉱山は、月五〜六〇〇トンの錫鉱を掘り、七〜八トンの錫を産出している。

参考文献

○木原三郎『錫山鉱山史』昭和四五年五月　有山長太郎発行
○『谷山市誌』昭和四二年三月　谷山市役所

2 藩営にせ金工場

天保通宝は江戸末期、一八三五（天保六）年発行の一〇〇文通用の銅銭である。のちに一枚八厘として一八九一（明治二四）年まで通用した。ところがこの天保通宝には、鋳造権をもつ幕府に隠れた秘密の造幣工場が存在した。七二万石の大藩といわれながらその実、財政破綻をきたしていた薩摩藩が窮余の一策として始めたのがにせ金工場である。

鹿児島市磯庭園から東北へ七〇〇メートルほど山道を入ると花倉《けくら》御殿跡にたどりつく。下は崖、うしろは山で、うっそうとした森林におおわれた人跡まれな所である。花倉御殿は、天保四、五年のころ、一〇代藩主斉興が別邸として建設したものだが、一夜泊まったところ怪異が起こったので、「天狗おどし」だと恐れて急に玉里《たまさと》のほうに別邸を営み、花倉御殿は「お金方《かねほう》」となった。

お金方とは、金銀の貨幣を鋳造する役所である。最近発見された絵図には、「分析所約八百坪」と記されており、今でも雑草におおわれた土を掘り返すと金クソが出てくるので、鋳造工場であったことがわかる。もちろん天狗おどしの怪談は狂言であった。

お金方には、主席・次席・会計の役人以下、技術者三人、職工二〇〇人がいて、大規模に一分金・二分銀を密造した。毎月二回ずつ藩庁に納入、ふつう一回の納入量は、運搬人夫二五、六人を要したという。人夫はすべて花倉付近、竜ケ水、雀ケ宮、七社《ななやしろ》の人たちで、とくにきびしいかん口令がしかれていた。

金銀貨といっても実は、金銀をかぶせただけの偽物で、俗に「天プラ金」といわれた。天プラ金は、後年太平洋戦争中、民間から供出された金銀貨の中に相当混入していたというから、領内では通用していたらしい。大隅半島の高山《こうやま》郷の門閥太田家では、太平洋戦争中、せっかく滅私奉公《めっしほうこう》の精神で金銀貨を供出したのにお国のためにならず、帰りの船から鹿児島湾に投げ捨てたという話も残っている。

このような大胆なことを始めたのは、天保改革の立役者、調所広郷《ずしょひろさと》である。茶坊主あがりの家老調所は、にせ金造りのほかに、改革の主柱を奄美の黒糖専売制におきながら、藩債五〇〇万両を踏み倒し、琉球を隠れ蓑《みの》にした中国との密貿易などをおこなった。こうした荒療治により日本一貧乏だった薩摩藩は日本一の大金持ちとしてよみがえった。

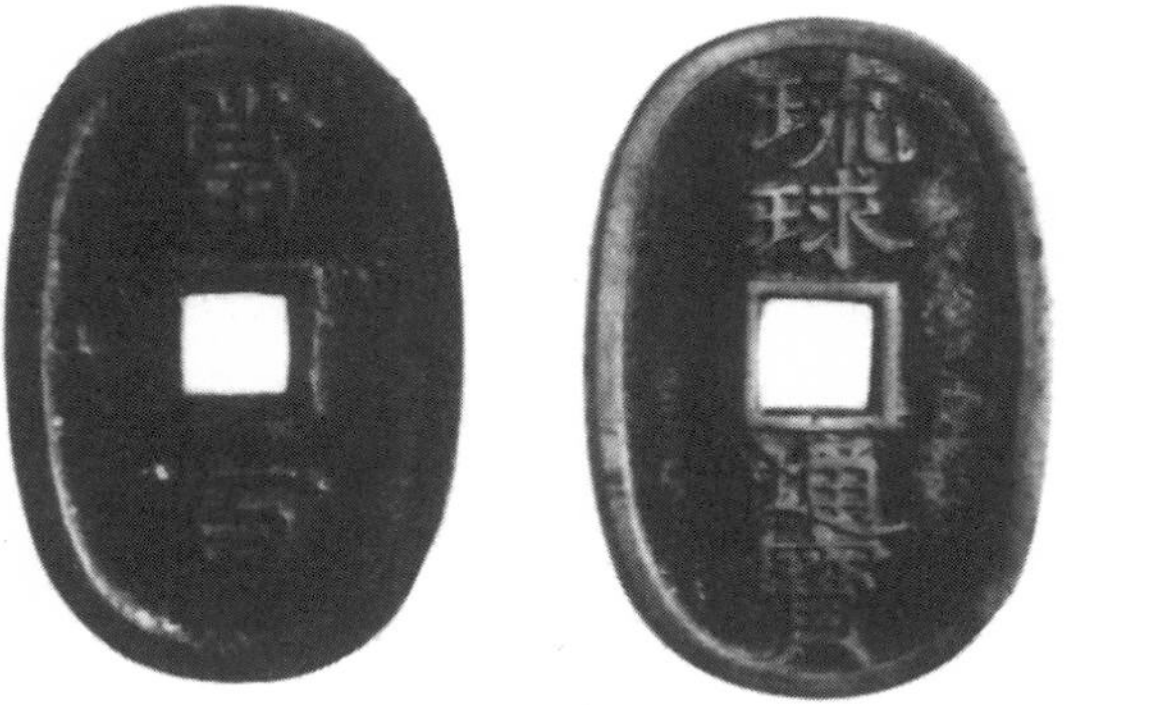

天保通宝と琉球通宝

調所の経済路線を踏襲して拡大したのが、仁君といわれる島津斉《なり》彬《あきら》であった。天プラ金がどれだけ中央市場で通用したかは疑わしいが、斉彬の計画は天保通宝を鋳造しようというものであった。天保通宝は幕府が改鋳利益を狙って鋳造を始めたもので、従来の寛永通宝が一枚一文ないし四文通用であったのに対し、天保通宝は寛永通宝六、七枚分の重さで、一挙に一枚一〇〇文として通用させるという画期的な大銭であった。初めから大きな改鋳利益が約束されていたから、諸藩の密造をさそったが、いち早く目をつけたのが斉彬であった。

斉彬は、仏・英・米の外圧にみまわれた領国琉球において、銭貨不足から不測の問題が起こると日本全体の危機に発展する恐れがあると吹聴して、琉球国および領内に限った「琉球通宝」を鋳造させてほしいと閣老阿部正弘に頼みこむつもりであったと思われる。しかし、一橋派の盟友で斉彬と親交深い阿部も、国家の統治権にかかわることだけに承知しなかったであろう。琉球通宝の重さと形が天保通宝と同じというのであればなおさらである。

斉彬は一八五一（嘉永四）年一一代藩主として襲封すると城内花園に製錬所を設け、理化学の諸実験をおこない、翌年に磯の別邸内で集成館事業を始めた。集成館とは、溶鉱炉・ガラス製作所などを含む一大工業団地である。したがって貨幣鋳造のための技術的準備はできていたと思われるが、さらにその翌年五月、当時江戸で高名な茶釜鋳物師《いもじ》の西村道弥《どうや》を招いて鋳造の細かいノウハウ導入をはかっている。

西村はかつて江戸の天保通宝鋳造所の職工頭をしていた者である。表向きの理由は、島津義弘が豊臣秀吉から贈られた島津家秘蔵の茶釜の名器を模作して将軍家に贈るため、ということであった。実際、西村は領内でもっとも鋳物の盛んな加治木郷で茶釜の製作にあたっている。現在加治木町には道弥とその門人、道仁作の茶釜が残っているから島津家の言い分もうそではないが、もともと加治木郷は織田信長時代から一六三六（寛永一三）年、幕府が寛永通宝を鋳造するまで約六〇年間、盛んに洪武通宝をまねた加治木銭を私鋳していた因縁の土地である。

斉彬は股肱《ここう》の臣である市来《いちき》四郎に密命して西村から天保通宝の鋳造法を習得させた。市来はさっそく試鋳品を江戸にいる斉彬のもとに送っている。斉彬が

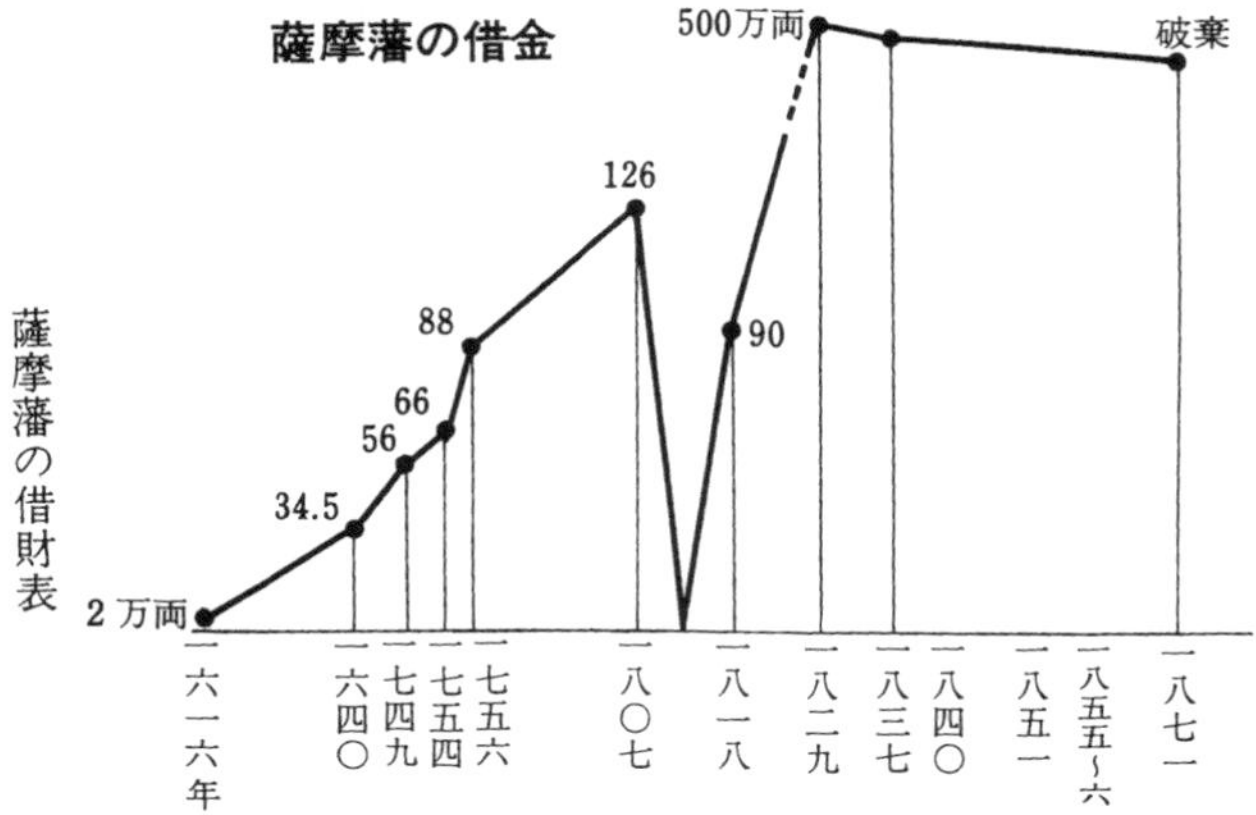

帰国したときには一〇〇〇枚ほど閲覧に供されたという。幕府から琉球通宝鋳造許可はおりないまま、一八五八（安政五）年斉彬は急逝し、計画も一時とだえてしまう。計画の実現には、このあと幕府と雄藩との政治的な力関係の変化を待たねばならなかった。

島津忠義の時代、一八六二（文久二）年六月、忠義の実父久光は朝廷の勅使大原重徳《しげのり》に従って江戸に入り、一橋慶喜を将軍後見職に、松平慶永を政治総裁職に登用するという内容の幕政改革を断行させた。勅使に従ったとはいえ、藩主でもない久光が藩兵を率いて江戸に入るなどは前代未聞のことであった。同年閏《うるう》八月には参勤交代制がゆるめられ、大名妻子の帰国も許されている。ようやく幕府の大名統制策もほころびはじめていた。

制限つきとはいえ、同じ年の秋、琉球通宝の鋳造許可がおりたのも公武合体を進める幕府の一連の政策と無関係ではないだろう。薩摩藩の今回の申し出には安田轍蔵なる者の根回しもあった。

安田はもと大坂の医者であったが、一八六〇（万延元）年から島津家に仕えていた。幕府の勘定奉行小栗忠順と親密になり、小栗を通じて琉球通宝の重さと形を天保通宝とほとんど同じにする許しを得たという。その条件は三か年間に一〇〇万両に限り鋳造し、その一〇分の一～二を幕府に献納するというものであった。

そこで安田は藩に対し、鋳銭一枚につき六四文で請け負い、文久二年暮れから鋳造にとりかかることになった。ところが、鋳造実費は一枚三六文余であったから安田の利益は大きすぎた。結局、安田は幕府の隠密であるとの嫌疑をかけられ、翌年四月には屋久島に流され、事業は藩の直営となった。琉球通宝鋳造掛《がかり》には市来四郎が命ぜられ、黒幕は時の側役大久保利通であったらしい。

市来は磯海岸に鋳造所を創設し、大だい的に鋳造を開始した。琉球通宝は天保通宝と表の文字が違うだけであった。実際には一枚一二四文で通用させたから一枚につき藩は六〇文ほどもうかる。文久三年春には、日々職工二〇〇〇人余りが働き、同年七月薩英戦争で鋳造所が焼失するまでに鋳造高は約三〇万両におよんだ。戦後二日目には鋳造所の再建が命ぜられ、城下の西田町にも増設され、約三〇日後に鋳造再開となった。

日々四〇〇〇人余りの職工が投入されるという増産ぶりで、一八六五（慶応元）年にいたる三年間に二九〇万両余りを鋳造している。この額は薩摩藩第一のドル箱黒砂糖の一〇年分の売上金二三五万両を上まわる。しかも幕府が許可した琉球通宝の鋳造はそこそこにして、二六七万両が天保通宝であった。
原料銅の調達のために領内の阿久根や奄美大島などに銅山が開発され、また寺院の梵鐘や仏具も利用された。大量の天保通宝は、藩と直接取り引きのある大坂の砂糖問屋を通じて上方に流され、また広島藩から購入する米・綿・塩・銅・鉄などの支払いにあてられた。京都藩邸の薩摩藩士が試みにこれを使ってみたが、まったくばれなかったという。薩摩藩は天下の土台をゆり動かした。にせ金のほとんどは、討幕のための軍資金にあてられているから、にせ金のおかげで薩摩藩は明治維新に活躍できたといってもよい。

参考文献

○平田猛『吉野の史蹟』昭和六年
○徳富蘇峰『公爵松方正義伝』乾巻　昭和一〇年七月
○小葉田淳「薩摩藩の琉球通宝と三井店」(同著『日本経済史の研究』昭和五三年七月　思文閣出版)
○『史談会速記録』第二〇輯　明治二七年五月
○土屋喬雄『封建社会崩壊過程の研究』　象山社
○『島津斉彬言行録』昭和一九年一一月　岩波文庫

3　港町栄ゆ

藩の財政を支える大きな柱は貿易と専売制度である。日本の最南に位置する薩摩藩の、他藩にみられない特色といえる。

特産物ですぐに思いうかぶのは南島の黒砂糖である。琉球・奄美大島・喜界島・徳之島などで生産された黒砂糖は大坂に運ばれ、そこで売りさばかれて、藩は莫大な利益を上げることができた。ここに薩摩の特産物をあげると、黒砂糖・ウコン・タバコ・芭蕉布《ばしゃぎん》・樟脳・朱粉・海人草・棕梠皮・焼酎・ハゼロウ・硫黄・牛馬皮などがある。特に南方産のものが高価であった。

産物運搬のルートを確保するため、阿久根・坊之津・山川・指宿・鹿児島・波見《はみ》・志布志など主要な港がしだいに整備されていった。

江戸時代末期、一八三四（天保五）年に完成した宮ヶ浜防波堤は、一〇代藩主斉興が内庫金を出して築かせたものである。長大な石造り三日月形の突堤で長さ七七間、高さ一六尺五寸、幅三三尺あった。ここには豪商浜崎太平次の千石船などがつながれ、海上貿易の根拠地となっていた。

藩の主要な港

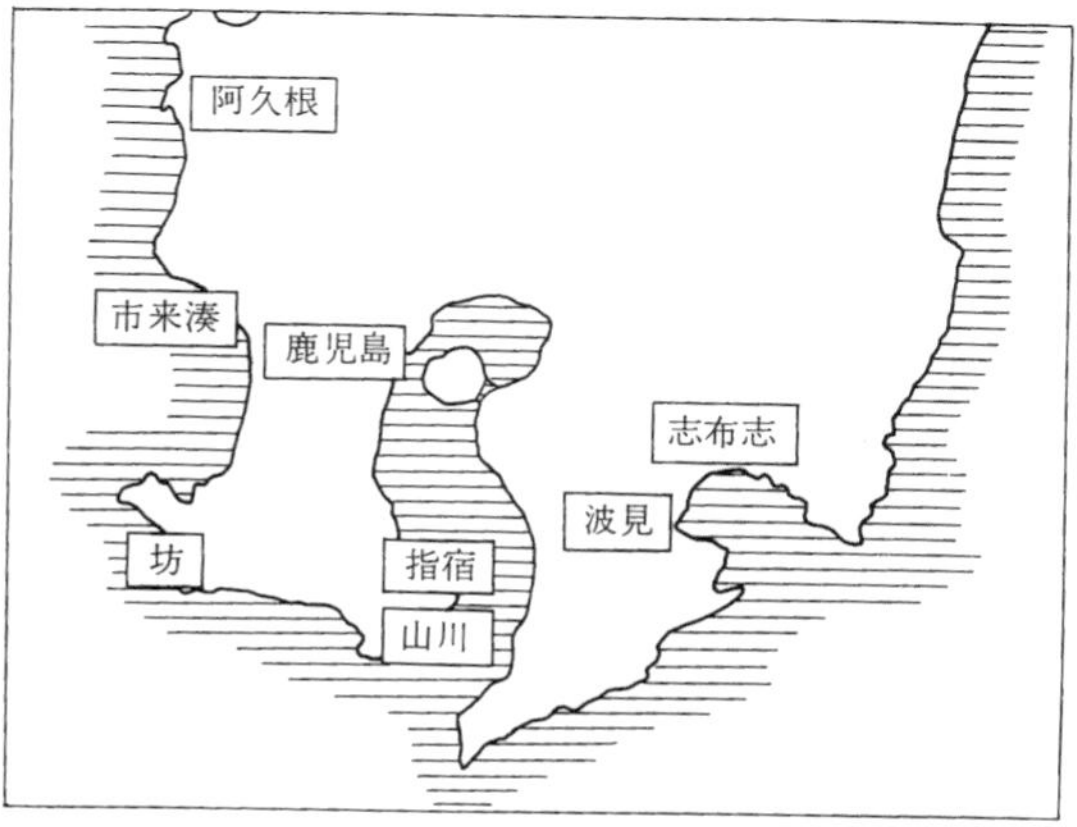

また天保一四年ごろ指宿の二反田川改修のさいに、河口を船だまりとして築造し、潟口《がたくち》船だまりと称した。この工事には肥後から呼び寄せた石工の岩永三五郎が指導にあたった。潟口船だまりにもまた太平次の大舟が出入りした。鹿児島城下の港が整備されたのも天保改革の時期である。

「鶴の港」とよばれた山川港は、爆発した火口を入江とする天然の良港で、城下の外港として栄えた。『三国名勝図会《さんごくめいしょうずえ》』には、「……およそ本朝の内、良港多しといえども、あるいは小さく、あるいは浅く、あるいは所在不便利なるに、此港は殊に衆美を備えたるゆえ、大船、巨船数百十艘を出入泊繋すといえども妨ぐることなし」とある。

この港は坊之津につぐ国際港として、琉球・中国よりの船舶が多く入港していた。一五四六（天文一五）年ポルトガル船が入港して以来、一七世紀初めまで、ルソン航路ともされた。慶長一四年の琉球攻めの兵三〇〇〇と一〇〇余艘の軍船が出港し、その後も南島に下る役人は山川で妻子と別れを惜しみ、上国する島役人はここに上陸した。

明治の初めまで、藩用で黒糖類を運ぶ民間のバイ船とよばれる帆前船で港はにぎわった。この船は九、一〇、一一月に南へ下り、翌年二、三月に荷を積み帰ってくる。また、その商品は大坂市場に船積みされ、帆前船は昆布・数の子・タラ・イリコなどを運びこみ、さらにこれらを中国に輸出した。盛時の山川港は豪奢な料亭が軒をつらねてにぎわったという。藩の専売と交易の実態は、このころ活躍した豪商たちの動きをみるとよくわかる。中でも海商浜崎太平次は一代の海上王とまでいわれ、加賀の銭屋五兵衛、紀伊の紀伊国屋文左衛門と並び称された豪商であった。

文化年間の全国長者番付一三〇名のうち、大隅の海商一七名が数えられるが、筆頭に指宿の浜崎太左衛門、二位に波見《はみ》の重政《しげ》右衛門があげられている。太左衛門の三代後の太平次はヤマキの商号で海運業を営む浜崎家に生まれた。浜崎家が島津氏と縁深くなったのは、九州一の豪商とされた五代太左衛門のころからといわれるが、八代太平次のころには商運も傾き、ほとんど裸一貫で出直すほど零落していた。

しかし太平次は琉球へ渡り、持ち前の商才を発揮し、しだいに屋号を盛り返

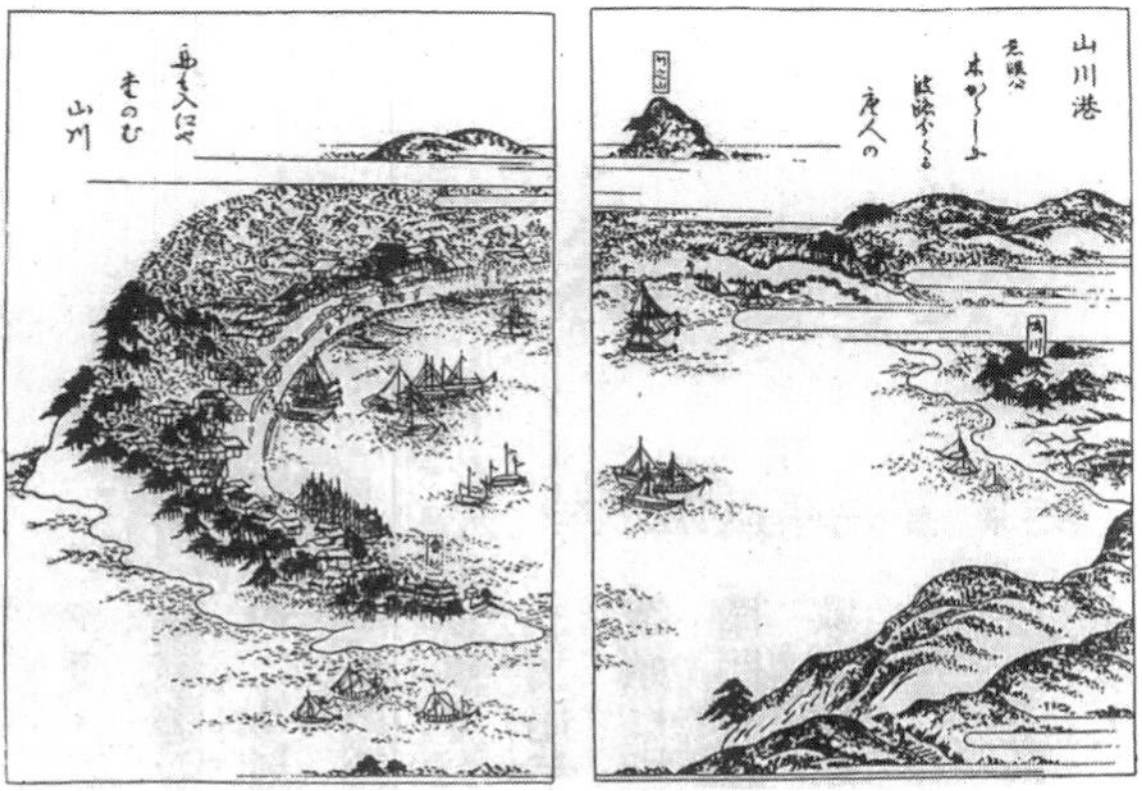

山川港『三国名勝図会』より

していった。彼が天運をつかんだのは、藩財政たて直しをはかった島津重豪と調所広郷の知遇を得たことによる。

当時、藩は仲買いや運送の経費を削って諸物産の専売制による利益を増すことに急であった。そのため海商たちの経営は行きづまり、持ち船はしだいに減り、かえって藩の財政再建の妨げとなっていた。そこで調所広郷は内庫金から海商たちに造船費を貸し出し、船の建造を奨励し、運上金をゆるめ、南島での交易を自由にした。この策により海商たちは続々と持ち船を増し、南島の物産を中心に交易は広がり、その利を元に藩の持ち船も多くなってきた。

太平次は大船六隻を持ち、支店を領内の他に長崎・箱館・大坂・那覇・新潟などに設け、藩の交易に密接なかかわりをもつ一大豪商となった。しかしこれは、島津藩の海外交易と軌を一にして財を成していったのである。調所の殖産政策は斉彬にも引き継がれ、交易地は琉球を中継地にして中国各地やカンボジア、ルソンまで広がり、外国の高価な薬種などで多くの利をあげた。

本来、海外よりの高価な薬種は唯一長崎を通して得る幕府の専売

商品であり、他藩の大名が、扱うことはできなかった。八代重豪が藩主を継い

だとき、八八万両を超えた借財は、のちに五〇〇万両までふくれあがった。こ

の間重豪は将軍の外祖父という力を利用して借財の棚上げを行い、また薬種を

中心とした輸入品の国内販売権を手に入れた。幕府の許可した品目は限られて

いたが、このとき得た国内販売権を足がかりにして薩摩藩は密貿易の拡大をは

かった。

海商たちは、米・黒糖・菜種子・ハゼロウなどを日本各地で売りさばき、同時に幕府の許可を得ずに寒天や醤油を製造し、干し鮑《あわび》・鱶鰭《フカヒレ》・イリコ・昆布などを集荷して中国へ輸出した。海商たちは藩営密貿易を担いながら、自らも一定の抜荷《ぬけに》を藩の黙認のもとでおこない、財を成したのである。

薩摩藩が討幕の主導権を取ろうとするとき、彼ら海商たちも、兵器購入に大いに協力した。一八六二（文久二）年のミニエル銃の購入にさいして、豪商三四人がおよそ一〇万両もの金を藩に用達している。そこには浜崎太平次、田辺泰蔵、黒岩政右衛門などの名がみられる。

日向の志布志《しぶし》港は前川河口を利用した港であるが、八幡船の時代から有力な貿易港として知られている。この地は中山・又木・山下・肱岡などの海商の根

ルース台風で壊された中山屋敷

拠地となった。とくに中山宗五郎は商傑といわれたが、彼も抜け荷で多くの財を成した。中山宗五郎の密貿易屋敷は昭和のルース台風で壊れてしまったが、「表二階に裏三階《さんげ》、中は ドンめぐりの四階建て」と言われる構造の家で、一室には二メートル近い大望遠鏡もあったという。このころ「志布志千軒の町や掃きそじやいらぬ 花の千亀女《じょ》のすそさばき」とうたわれるほどに町はにぎわい、交易の廻船が出入りした。

全国長者番付に名をつらねた薩摩の海商の富と、港町の繁栄は近代になってなぜ消滅したのであろうか。まず彼らの富は藩の専売制下に築かれたものであった。蒸気船が中国市場と国内市場を結びつけたことが没落を決定的にした。また海商たちの富は領内の農村の商品経済の発展の結果もたらされたものではなかった。いわば海洋冒険資本、根なし草の財産であり、束の間の夢と消えたのである。

参考文献

○宮里源之丞・沢田延音編『海上王　浜崎太平次伝』昭和九年七月　浜崎太平次翁顕彰会

4　薩摩藩、寒天を密造す

港町の多い鹿児島の中で、錦江湾の奥ふかくにある福山港は現在、福山酢の産地として知られているが、藩制時代は藩の穀倉地帯である日向国庄内地方や真幸《まさき》方面からの物資集散の要所であった。また幕末には、海外交易の積み出し地として栄えていた。寒天は福山港から積み出される海外輸出品の一つであった。

近年、寒天の製造工場の遺跡が山之口町の永野地区で発掘された。幕末に藩が高城《たかじょう》郷石山の南端と山之口郷有水《ありみず》星原の二か所に大規模な寒天工場を造り、中国・ロシアへ輸出していたことが証拠づけられた。

永野は有水川《ありみずがわ》が流れる高地で霧島おろしの寒風が厳しく、寒天づくりの条件にはよく適している。その上山深く、幕府に隠れて製造するに格好の地といえる。

永野盛義氏の私有地の竹やぶの中に釜跡と、石を敷きつめたさらし場が一体となる寒天工場が一〇〇年にわたって埋もれていたのだ。また有水川の対岸に

ハゼロウうす、ハゼロウも重要な専売品

も同じ規模の工場跡があることが知られていたが、見上げるような大釜跡が掘り出されてみると、今さらながら島津藩の密貿易がいかに大がかりであったかに驚かされる。

工場跡地は、広さ三〇メートル×一五メートルに、釜跡が中央に五個ならび、左右に二個ずつが「コ」の字状をなしている。一つの釜跡は直径一・五メートル、深さ一・八メートルの井戸形で、内壁は大きな切り石でびっしりと固められている。かけられた釜の大きさも想像できる。

江戸時代に寒天を扱うのは、幕府に許された大坂の商人尼崎屋があり、彼は一般海藻類の取締りとして寒天問屋八軒を差配した。この八軒の寒天商が、問屋・仲買い・小売りをかねて、諸州産地の買いつけ・運送までおこなった。

こうした幕府の株仲間専売制に対して、薩摩藩では、領国内の甑《こしき》島などから産するテン草を日向に運び、寒天を製造し、輸出品目のひとつとしていた。

寒天づくりは、テン草をきれいに洗い、酢と水でドロドロになるまで煮つめる。それを絞り、さらして干し上げ、型押しにする作業工程である。一三〇人ほどの差配役以下の労働は多く城下より派遣された者によったという。わずかに下働きに従事した若者と婦女がいたが、土地では、

永野寒天　流れて通る、竿で取ろうか　情で差そか

という小唄が残されている。

この寒天工場の支配人が浜崎太平次で、太平次の弟が実際を取りしきっていた。甑島に浜崎太平次の出張所があったのも、テン草採取のためであろう。

工場ができたのは安政年間のことであるから藩主は島津斉彬である。斉彬の時代には、集成館事業にみられる洋式工業の移入だけでなく、領内各地の特色を生かした農産加工業をおこして、外貨を稼ごうと努めた。寒天は決して高価な品とはいえないかもしれないが、南の国で、寒天を製造しようという着想がおもしろい。

現在、宮崎県の特産品として有名な椎茸ももとはといえば、薩摩藩が高岡郷を中心に藩営で大々的に栽培して、中国へ輸出していたものである。藩内各地の樟脳づくりも藩営でおこなわれ、オランダ渡りの樟脳は一〇〇パーセント薩摩の製品であった。さらに南の奄美大島では醤油を製造して、フランスへ輸出

する契約が結ばれた。醬油づくりの温醸という工程に奄美大島の暖かい気候を活かそうとしたのであろう。洋風の工場も出来あがり、輸出するばかりになっていたが、島津斉彬の急逝により事業は頓挫したようである。

いずれにしても寒天・椎茸・樟脳・醬油づくりは、貿易に命運をかける薩摩藩の役人の生み出した知恵であった。

参考文献

○浜崎助次編「浜崎太平次之事蹟」大正四年九月写本
○「藩政ノ豪商浜崎太平次之略伝」昭和二四年写本
○前田厚述「有水川寒天製造所遺跡及遺物」昭和一二年一二月謄写版

5　フカヒレ西へ行く

北京料理・四川料理・広東料理などの中国料理では、コースにフカヒレのスープはつきものである。またそれがつかないと中国料理を食べた気がしない。姿煮はやわらかい中にコリコリした歯ざわりがする。しかし海参《ハイシエン》とよぶナマコ料理に手を出す日本人は少ないだろう。ナマコの姿煮に筍《たけのこ》やピーマン・青豆などを具にしてあんかけ風にされているこの料理は中国では最高級の品である。他にもアワビ・イカなど中国料理の材料は、乾燥したものを水にもどして調理するものが多い。

フカヒレをはじめ、海産物は古くから中国に輸出される重要な品目であったようだが、その歴史は意外に新しいという。中川泰氏の『業界を歩んで五十年』によれば江戸末期に長崎に来ていた中国人が、フカのヒレが浜に捨てられているのをみて、「これを干して送れば買ってやろう」と言い出したのが始まりという。この話も江戸末期では少し遅すぎるようで、中期以降のことであろう。それまでの日本からの輸出品目は、刀剣・金・銀・銅などが主であったが、これ

市木水産では今もフカヒレ製造がつづいている

らの資源はしだいに枯渇したため、かわって海産物の俵物《たわらもの》が七割近くを占めてきた。

また海岸線の長い中国は、それだけ陸の奥地が深く、生鮮食品としての魚介類を手に入れることは難しく、こうした保存食とそれを調理する料理が発達していった。

フカヒレ・干しアワビ・イリコまたはキンコとよばれる干しナマコの三品は、俵につめて輸出され、「俵物」あるいは「ヒョウモツ」と称され、輸出品目の花形となってきた。その他、松前産の昆布《コンブ》などの海産物は「諸色《しょしき》」とよばれ、やはり中国向けの輸出品であった。特に薩摩は海洋貿易と殖産に力を入れ、多くの海商をかかえて日本の各地に支店網をめぐらした。このため幕末には長崎を海外交易の拠点とする幕府の長崎会所は、松前など集散地から良質の海産物を集められずに苦労した。

県内では、開聞《かいもん》町の川尻と谷山にフカの延縄《はえなわ》漁船があり、フカの水揚げ地として有名だった。この谷山には今でもフカヒレを生産加工している市木水産がある。（＊現在は無い。）

番組ではこの地を訪れて、その製法を聞いてみた。ひと口にフカといっても種類が多く、作っているフカヒレだけで一〇種類以上あるという。一匹のフカで四枚とれるヒレを単位として値がつけられる。切ったヒレに、干すときに吊るす穴をあけ、水洗いしてタワシでよく磨く。それを一晩塩水に漬け、次に再びタワシでこすって干しあげる。干す期間は、大きさ・種類により、二〇～三〇日かかる。既に干しあがったフカヒレは堅く、コチコチになっている。料理するときは時間をかけて水にもどして煮込むのであるから、はじめから干さずに生のまま煮込めばよいと思えるのだが、こうすると堅く、臭くて食べられないという。乾燥する保存食を使う中国料理とは不思議な料理といえる。

海産物のアワビ・ナマコは、鹿児島の西海岸や志布志などでよくとれるが、甑島はもっとも古くから産地として名高い所であった。

甑島は、奈良・平安期より遣唐使などの漂着があったり、外国船が長崎に来航する航路に近く位置するため、藩では異国船の見張りをする「遠見番所《とおみばんどころ》」や海の関所ともいうべき「津口番所《つぐちばんどころ》」を設けて直轄地とした。「見えた見えたよ、松原ごしに、丸に十の字の帆が見えた」とうたわれる由縁は、この島に産する海産物を貢租とした藩船が久見崎に帰り来るさまを指したものといわれる。

道路の左手がナマコ池

この島の産物は、イワシ煮干し（唐人干し）・塩乾カマス・アワビ・塩乾シイラ・スルメ・テン草・海人草・キビナゴ・フノリ・ナマコの他、加工しない魚は多くの種がある。

ナマコ池といわれる海水の池は自然の玉石の堤防で仕切られている。そのため、池の中へ塩水が行き来する天然の海水池である。大村藩からナマコの良種のタネをとり寄せて養殖をここで始めたという。イリコの製法は、数百匹のナマコを鍋に入れて一日煮つめ、汁を出してさらに一日煮て、天日に干す作業でつくる。こうして小さくカチカチに固まったものを中国料理の高級材料として送り出している。いまではフカヒレもイリコ（干なまこ）も神戸に送られ、中国はじめ各国へ輸出されている。

長島・阿久根・串木野の西海岸、錦江湾沿い、日向の志布志などでナマコ・アワビなど良質のものがとれた。幕府の買い付け役人に、収量をいつわって少なく申し出るようにと藩から指示されている文書も残されている。藩では領内だけでなく全国的に良質な海産物を集めて、輸出品の俵物として、琉球を経由して福建の琉球館や北京まで持ち運んだ。近代になって甑島の干しアワビは「甑名宝」として、谷山のフカヒレは「薩摩ビレ」といわれて有名になった。帰路に仕入れた高価な漢方薬・虫糸《てぐす》・玳瑁《たいまい》・茶碗薬などを、長崎会所や大坂の薩摩問屋を通して売り、莫大な利をあげ、藩の財政を立て直す礎とした。

参考文献

○上原兼善『鎖国と密貿易』昭和五六年一一月　八重岳書房

○塩田甚志『里村郷土誌』上　昭和六〇年三月　里村役場

第三章　開明君主と門下生

1　島津重豪とピョートル大帝

薩摩藩の殿様には名君がそろっている。なかでも、八代重豪《しげひで》と一一代斉彬の二人が傑出している。重豪は一一歳で宝暦木曽川治水工事後の財政難にあえぐ薩摩藩政を襲い、四三歳で隠居したものの、八九歳で没するまで、事実上藩政の実権を握っていた。重豪なくして薩摩藩は語れない。一一代将軍家斉の舅として「高輪下馬将軍」と世評されるほど中央政界でも実権をふるったが、生来進取の気性に富み大変な学問愛好家であった。蘭癖といわれるまで蘭学に傾倒し、オランダ商館長チチングやズーフ、商館医シーボルトなどと親交があり、また自ら中国語を話し、中国辞典『南山俗語考』を編纂している。

この英邁な性格が、安永・天明期における積極的開化政策の推進力となった。一七七三（安永二）年造士館・武芸練習場演武館を、翌一七七四年医学院を設立、ついで一七七九年には、明時館（のちに天文館という）を設け薩摩暦を発行した。また、多くの学者を側近に招き、『琉球産物志』『質問本草』『成形図説』『鳥名便覧』など学問上有益な書物を編纂させている。このほか、「繁栄方《はんえいほう》」という役所を置き、他国町人招致策をとり、領国に身分秩序・言語容貌の矯正を命ずるなど大いに上方風をとり入れ、戦国のバンカラな遺風の強かった薩摩にハイカラな新風をもたらした。

わが国における工業化は、上からの近代化といわれる、島津斉彬の集成館事業がその典型である。薩摩は農業生産力が貧しいから、領主が開明的で南からの技術、文明の導入に積極的にならざるを得なかった。「島津に馬鹿殿なし」といわれるゆえんである。世界資本主義との関連では、幕末ペリーの浦賀来航より九年早く、英・米の外圧に見舞われ、また、一八六三年薩英戦争で西洋文明の優秀さに覚醒すると一転して親英外交を展開している。薩摩藩が外圧に対してこのように柔軟な対応をみせ、近代における日本の急速な工業化の模範たりえたのはなぜだろうか。その前提は重豪の文化政策にあると思う。

世界史が地球的規模で結ばれるようになる第一の画期は、一六世紀の大航海時代である。アメリカ大陸やインド航路など地理上の新発見があいつぎ、世界中にスペイン・ポルトガル二国の勢力がおよんだ。

第二の画期は、産業革命を成就したイギリスの資本主義が全世界の征覇をめざす一九世紀である。このとき、インド・中国・日本は英・米・仏の外圧をうけた。

この二つの画期の間はそれほどはげしい地球的規模の交渉はなかった。東アジアでは、中国と日本が鎖国政策をとり、西欧から日本へやってくるのはオランダだけであった。ロシア使節の到来も一八世紀末であった。

この時期、日本は鎖国の惰眠をむさぼっていたとされる。日本の海外との門戸は、長崎・対馬・琉球・松前の四つの口に限定されていた。重豪が活躍したのはこの一八世紀の後半からである。

一七世紀末から一八世紀初頭にかけて、はるか西方のロシアでピョートル大帝が帝国の西欧化政策を推進していた。重豪とピョートル、二人の専制君主は非常に似ている。相互に交流のなかった薩摩藩とロシア帝国は、実は見えない糸で結ばれていた。この世紀は世界史的画期として開明君主を生んだ文化の世紀であった。

一七三八(元文三)年、世界ではじめての「新露日辞典」ができあがった。薩摩の漂流民ゴンザがペテルブルグで編纂したものである。ゴンザの露日辞典は、村山七郎氏がレニングラード(旧ペテルブルグ)で偶然発見するまでまったく知られていなかった。以前ドイツ人が見ているが、この時は、満州語辞典と誤解している。その理由は一万二千語にのぼるロシア語が二五〇年前の薩摩方言で書かれていたからである。

ゴンザ少年、当時一一歳を乗せた若潮丸が薩摩の港を出たのは、一七二八(享保一三)年一一月であった。一七人乗組みで大坂に向かったが暴風雨に遭い、一年六か月の漂流のすえ、一七二九年六月カムチャツカに漂着した。ここでロシアのコサック隊長シュティンニコフに発見され、一五人が殺され、ゴンザと当時三六歳のソーザだけが助かった。二人は一七三一年ヤクーツクに送られ、次いでトボリスク・モスクワを経て、一七三四年ペテルブルグでアンナ女帝に歓待される。キリスト教の洗礼を受けた二人は、その後ペテルブルグにある日本語学校の教師となる。一七三六年ソーザが四三歳で亡くなってから、ゴンザは、日本語学校の司書補ボグダーノフの協力を得て、「項目別露日辞典」「日本語会話入門」「新露日辞典」など、一七三九年に二二歳で亡くなるまで超人的な業績を残した。ゴンザとソーザのデスマスクは現在ソ連科学アカデミー民族博物館にある。

ゴンザの業績は、天才的な語学の才能と努力の成果と評価されている。しかし、三つの疑問が湧いてくる。

一、ソーザのデスマスクのひげは日本人のひげとは思えない。
二、ゴンザとソーザの二人だけなぜ殺されなかったのか。
三、ゴンザの前にロシアに漂着した日本人がいるのに、なぜゴンザだけが業績を残すことができたのか。

ソーザのデスマスクのひげは中国人のものに見える。ピョートル大帝は、古いロシアの象徴であるヒゲを生やす者にはひげ税を課した。ヒゲにうるさいロシア人のことだからソーザのヒゲも忠実に作ったことだろう。ソーザは水先案内人として傭われて若潮丸に乗組んでおり、毛色が少しちがう。江戸時代、薩摩藩の主要な港には、唐人町があった。唐人の中には、唐通事《とうつうじ》という中国語通訳を勤め、かつ唐物とよばれた中国輸入品の目利きがいた。唐人町の一人が藩の御用船である若潮丸に乗組んでいたとしてもおかしくない。

ソーザが中国語を理解できたとすると第二の謎は解ける。ゴンザ少年が修羅場の中で殺されなかったのは、まだ幼なかったからであろうが、三六歳のソーザが殺されなかったのは、ソーザだけが意志を表現できたからではなかろうか。

第三の謎も中国語を間に入れることによって解決する。ペテルブルグの中国語学校には、中国の北京留学から帰国したばかりの教師がいた。科学アカデミーに中国語学校ができたのは、日本語学校のできる前である。ドイツ人のライプニッツのすすめによりピョートル大帝がつくった科学アカデミーは、ドイツ学者に牛耳られており、日本語学校の司書補ボグダーノフも中国語学校の教師もいわば下っ端役人であり、お互いの付き合いがあるボグダーノフは、ロシア語をまず中国語になおし、ソーザの助けをかりてそれをゴンザは薩摩方言になおすことができた。一万二千語の厖《ぼう》大な語彙《ごい》は、ソーザが教えたのでなければ、少年の知識では及ばない。わが国の蘭学・洋学の興隆も実は中国語翻訳書を通してヨーロッパの学術・文化が摂取された結果であった。藩校造士館には通事養成のコースがあった。幕末には、城下に達志館という中国語学校も設置された。

ゴンザの辞典には、羅針盤に対する訳語として「カラファイ」をあてている。「唐針」は、琉球と薩摩にしかない言葉である。また、税関に対して「イコクザ」とある。「異国座」のことである。外国貿易に関与する税関と遠洋航海に不可欠の羅針盤に相当する薩摩言葉が記されていることは、薩摩藩で密貿易がおこなわれていたことのあらわれであろう。

一六九六年日本人として最初にロシアに漂着したのは、大坂出身のデンベイであった。デンベイはモスクワ近辺の村でピョートル大帝に会ったとき、日本に帰してやるからということで日本語通訳の養成を頼まれている。毛皮獣を求め東方に進出してきたロシアは南下して日本に迫ろうとしていた。独・仏・オランダなどヨーロッパ諸国を旅行したことのあるピョートル大帝にしてみれば、オランダにデンベイの送還を頼むことは可能であった。

一七一〇年に漂着した紀州出身のサニマは、ピョートルの時代に日本語学校の教師になったが、業績らしいものは何もない。ゴンザの没後、一七四四年に南部藩から出港して千島で難破した多賀丸の乗組員は誰も皇帝に会っていない。一七八三年アリューシャン列島に漂着した伊勢の大黒屋幸太夫は、エカテリーナ二世に会い、はじめて帰国願いがいれられ、一七九二年ラクスマンに連れられて根室に来た。

一八二四年（文政七）年、重豪は八〇歳の祝賀をおこなった。その翌年、薩摩では、カムチャツカに漂流して送還された喜三左衛門・佐助・角次の見聞をもとに「漂海紀聞」というロシアの国情やロシア語会話をしるした本を出している。ちょうど幕府が外国船に対する無二念打払い令を出した年に、南のどんづまり薩摩では、ロシア研究に余念がなかったのである。

このように海外文化の摂取に異常な意欲を見せた重豪と古いロシアを打破して西欧化政策をすすめたピョートル大帝、この二人の専制君主は、細かい点でも似かよっている。

まず異常な好奇心の持ち主である。クンストカメラ(アジア博物館)には、ピョートル大帝が世界中から集めた珍品が収められている。巨大な性器や黒人の脳みそなどである。重豪もオランダ渡りの珍品を集め、江戸高輪の屋敷に収蔵庫をつくり、聚珍宝庫と名づけている。クンストカメラも聚珍宝庫も今でいえば博物館であろう。

二人とも風俗矯正をおこなった。ピョートルは古いロシアの象徴のヒゲをきらい、重豪は薩摩弁しか話せない武骨な藩士には上方弁を理解するように諭している。重豪は少年のころ木曽川の治水工事の現場で言葉の障害に悩む薩摩藩士の姿をみている。薩摩藩はよそに対してもっと堂々と物のいえる政治力をつけなければならないことを身にしみて感じていた。粗野な容貌行為を厳にいましめ、上方から芸妓を呼び、芝居小屋を設けるという徹底ぶりで、行きすぎの面もあった。

重豪は、士人の子弟たるものは学問・技芸にはげむべしとした。造士館を創設したのもすぐれた封建官僚を育成するためであった。ピョートルも科学アカデミーを設け、中央集権化をすすめた。重豪が造士館をはじめ、諸役所を新設したのは、一八世紀の日本をめぐる内外の封建的危機に対応しようとしたからである。彼の政策は、重商主義的な政策である。内では殖産興業をすすめ、ハゼロウ・菜種・黒糖などの専売制を強化した。奄美では、黒糖の第一次惣買入れ制(一七七七〜一七八七年)が実施され、島民は黒糖地獄に苦しむようになった。本土の百姓は商品作物の生産にたずさわりながらも流通過程からはしめ出され、土地にしばりつけられた農奴《のうど》という性格を強められた。ピョートル大帝の治世下のロシアでも農奴制が強化されている。

上からの文明開化、西欧化政策は、こうした農民の犠牲の上に可能であった。遅れた社会構造をもつロシアと薩摩に典型をみる日本は、一九世紀末には急速に工業化社会を築く。松方正義・五代友厚・大久保利通・島津斉彬・調所広郷の前に専制君主島津重豪の巨像がある。

2　科学者島津なりあきら

幕末から明治にかけて、鹿児島市の西北、錦江湾に面した磯地区に一大工業団地があった。「集成館」とよばれる全国にも類のないこの工業団地は、幕末随一のハイカラ殿様、第一一代薩摩藩主島津斉彬の手によって築かれたものである。

集成館事業の全体像については、斉彬以後発展した様子を模したジオラマがある。狭い地域にたくさん建物が並んでおり、その一つ一つでさまざまな実験がなされ、また実にさまざまなものがつくられていた。

斉彬は藩主になった翌年一八五二（嘉永五）年に、磯別邸の竹林を切り開いて反射炉の築造に着手した。それからつぎつぎに各種の製造工場をつくり、一八五七（安政四）年になって、それらを総称して集成館と名づけた。同時に城内の製錬所は開物館と名づけた。

集成館の工員の数や規模について、安政五年、ジャパン号（咸臨丸）で鹿児島を訪れたオランダ人ポンペの観察によると、最盛時には職工一二〇〇人にも及

薩英戦争における薩軍の弾丸と英軍のアームストロング砲弾

び、ガラス工場だけでも一〇〇人以上いたという。また同じオランダ人のカッテンディーケが「薩摩藩主たちが、いかに旺盛な企画精神をもっているかを知るに足る」と言っているのをみても、集成館が一大工業団地であったことはまちがいない。

主な施設は、反射炉・製鉄熔鉱炉・大小砲鑽開台《さんかいだい》・ガラス製造所である。事業内容を細かくみると、弾丸・砲具・火薬および綿火薬《めんかやく》・小銃・農具・刀剣・陶磁器・硝子《ガラス》・紙・アルコール・硫酸・塩酸の製造、氷・白糖の製造、工匠器械製造機、皮なめし・膠《にかわ》の製造など多方面にわたっており、かなり総花的な実験工場であった。

が、改めて眺めてみると集成館には軍需工場としての性格が浮かびあがってくる。薩摩藩が一八六三（文久三）年薩英戦争のとき、アームストロング砲を備えた世界最強の英国艦隊を撃退したことは有名だが、その武器の多くは集成館で製造されたものであった。

注目すべきは、これらの事業の初期の研究段階で、島津斉彬が直接、陣頭で指揮していることである。『島津斉彬言行録』には、斉彬が「動植物館御花園内製煉所……毎々御親臨、種々御下知《げじ》遊バサレ候」とある。斉彬自身が科学技術の知識をもち、いかに旺盛な向学心をもっていたか、この一文から容易に想像することができるのである。

斉彬の事業の性格として忘れてならないのは、単に軍事技術を導入しただけでなく、殖産興業を究極の目標にしていたという点であろう。

集成館事業だけでなく、新田開発・灌漑事業を推進し、蝦夷からカラマツ数万本を移植して林業の振興をはかり、阿久根《あくね》の五色浜で真珠やコンブの養殖を試みているが、これは海洋牧場のはしりである。鉱業では谷山《たにやま》錫山で電気爆破法を導入し、未曽有の「十万斤時代」といわれる錫の増産を実現し、紡織業では城下田上《たがみ》村と永吉《ながよし》村に水車館を設け、水車動力の紡織業を興したり、陶業では「お庭焼《にわやき》」を再興し、薩摩焼の改良に努めた。

そもそも集成館事業を興した目的についても、斉彬自身、財政問題を心配する家臣に対する訓諭の中でこう明言している。

「本館における種々の製造について、多額の入費を要するが、これを私の物好きのように思う者もあり、また蘭癖などと陰口してオランダかぶれのように言う者ありと聞くが、決して物好きでもなければ、オランダかぶれでもない。今や日本の形勢は、かさねた卵のように今にも崩れそうな危ない状態である。し

今の尚古集成館

たがって軍備が第一の急務であるが、その軍備のために国中が疲弊し、非常時にあたって金や穀物が不足したら必勝の見込みが立たぬから、一方には軍備を整え、一方には理財の道を講ぜねばならない。即ち、この集成館を興した目的も、実に理財のためであるから、心得違いのないようにいたせ」

斉彬は非常に広い視野をもった、好奇心の旺盛な人だった。科学に対してすさまじい追究心をもっていた興味深い人物でもあった。殿様としては異例ともいえる、こうした「進取の気性」「科学的精神」はどこから生まれたのであろうか。

何よりもまず、斉彬は人間的資質に恵まれた優れた人物だった。その資質が、幕末の開国へ向けての大きな時代の流れに一致し、見事に開花したといえる。

それに加えて江戸育ちの斉彬が藩主となった薩摩は宿命的に外国とのつながりをもつ土地柄であった。島津氏の支配下にあった琉球においては、ペリーの浦賀来航よりも九年早く、英仏の外圧に見舞われている。この琉球を隠れ蓑にした中国との密貿易はいわば薩摩藩のお家芸で、斉彬も長崎ルートとは別に、琉球経由で中国の最新情報を入手できた。尚古集成館には『斉彬自筆阿片戦争記』があるが、これは斉彬の国際的見識の高さを示すものである。土佐の漂流民ジョン・万次郎から最初に事情聴取して、造船法はじめアメリカの知識を得たのも斉彬であった。

曽祖父重豪《しげひで》の薫陶が、斉彬に大きな影響を与えている。第八代藩主島津重豪は一一代将軍家斉の舅にあたり、「下馬将軍」と呼ばれ権勢を誇った人である。また「蘭癖」と言われるほど進取の気質に富む開化主義の急先鋒でもあった。このハイカラ殿様が幼時から斉彬を寵愛し、いわば英才教育を施した。一八二六（文政九）年、八二歳の重豪がシーボルトに会見したときも一八歳の斉彬は曽祖父に従い、動植物学および医学に関する教育を受け、その他いろいろと西洋文明について学んでいる。

また斉彬の生母賢章院は、将来大藩を継ぐべき斉彬の訓育に極めて熱心であった。斉彬の温厚で慈悲深い心や書画・工芸における芸術的感覚は、母親の訓育の賜物といえる。

さらに斉彬の識見を高めたのは、江戸において当代一流の諸大名と交友をもったことである。世子時代から交友のある水戸の徳川斉昭《なりあき》・越前の松平慶永《よしなが》・

斉彬侯の肖像

宇和島の伊達宗城《むねなり》・大老阿部正弘は一橋派の盟友であった。また、戸塚静海・杉田成卿《せいけい》・高野長英らの学者に蘭学を講じさせている。

向学心の強い君主は歴史上少なくないが、斉彬のように国防のため、また理財のためといった明確な目的意識をもって、科学なら科学を積極的に政治に取り入れていった君主は少ない。斉彬は一藩主としての立場をこえて日本国全体のために富国強兵・殖産興業をはかったが、そこには科学技術は生産技術を高めるために不可欠なものという認識があった。結局歴史を見通す鋭い眼の持ち主だったのだろう。

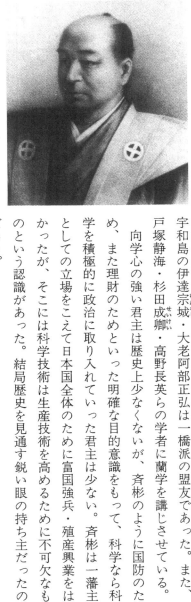

幕臣勝海舟は、その著『開国起源』の中で、「幕末において世界の大勢を察する活眼を有した人は、薩摩侯斉彬だけだった。……その辛苦経営の力によって開国の基礎はできた」と評し、また「方今を顧み往事を追想すれば、鹿児島県士英材輩出するもの、この侯の薫陶培養の致す所」とみている。

勝海舟からこのように評された斉彬であるが、その科学観にはおもしろい一面があった。科学技術を重んじる一方で、神や仏も決して否定しなかったことである。

幕末最大のお家騒動として知られるお由羅《ゆら》騒動のとき、斉彬も呪詛封じの祈禱をやらせている。どれほど開明的な精神の持ち主でも真言密教の呪法を頭から否定しきれなかったという解釈も成り立つかもしれない。しかし、斉彬の子女が夭逝《ようせい》するのは、お由羅派の呪法のせいだと信じきっている斉彬擁立派の若者たちに対して、それは迷信であると否定するよりも、むしろ人心統御のために修験の効力を積極的に取り込もうとした、と見ることもできるのではあるまいか。

また池田湖の水を引いて新田を開く計画がもちあがったとき、農民たちは水神の祟《たた》りを恐れて工事に取りかかろうとはしなかった。そこで斉彬は「水神何ぞ民益になることを妨《さまた》ぐべき……宜《よろ》しく民益を起すの趣を水神に告げ速やかに着手すべし」と諭したという。

斉彬は人間の感情・心、あるいはそうした非合理的なものを切り捨てる形で科学を取り込もうとはしなかった。ここにこそ、斉彬の政治家としての卓抜した発想をみることができると思う。言葉をかえると、斉彬は人心操作という点でたぐいまれなる指導者であったのだ。やがて明治維新を達成する西郷隆盛や大久保利通らは、いずれもこの「斉彬学校」の門下生たちであった。

参考文献

○原口虎雄「島津斉彬」(『歴史の群像』七　昭和五九年一二月　集英社)
○『鹿児島県史料・斉彬公史料』一〜四　昭和五六年一月〜五九年二月　鹿児島県
○『島津斉彬言行録』昭和一九年一一月　岩波文庫
○池田俊彦『島津斉彬公伝』昭和二九年三月　岩崎育英奨学会
○『島津斉彬文書』上・中・下　昭和三四年〜四四年　吉川弘文館

3　斉あきら学校の門下生たち

一八五一（嘉永四）年五月八日、鹿児島に江戸から新しい藩主が到着し鶴丸城に入った。第一一代薩摩藩主島津斉彬の初の領内入りを祝う人垣の中には、のちに日本の国を動かすような活躍をする何人かの若者の姿もあった。彼らは斉彬とどのようにして出会い、また斉彬から何を学んだのであろうか。

幕末から明治維新にかけての日本史の表舞台には、西郷隆盛・大久保利通をはじめ、五代友厚・小松帯刀・松方正義など多くの薩摩出身者が登場する。その人材の豊富なことは他藩もうらやむほどであった。なぜこの時代に有為の人材が続出したのか。理由の一つとして、薩摩の郷中教育の果した役割は大きいが、より注目すべきは、彼らのほとんどが斉彬に見出され、政治的な道を開かれ、そのもとで成長していったことである。その意味で彼らは、名君斉彬の門下生たちということができる。

斉彬が藩主となった頃の薩摩藩には、人材はほとんど枯渇していた。一八四九（嘉永二）年から翌年にかけてのお由羅騒動（高崎崩れ）という斉彬の襲封をめぐっての血を血で洗う、藩内を二分しての抗争によって、多くの人材が切腹・御役御免・遠島・謹慎となり城下から一掃された状態であった。薩摩藩はこれ以前にも秩父崩れ（近思録崩れ）という同様の血の粛清事件を経験している（一八〇八年）。

この種の事件は報復を生むのが常であるが、斉彬は人材ほど得難いものはないという考え方を持っており、ついに復讐人事は行わなかった。お由羅派（斉興の妾の子久光擁立派）を処罰することもなく、また、島流しにされた斉彬派を直ちに赦免することもしていない。自分の継嗣に久光の子（忠義）を立てている。平和裡に政権をひきつぎ、藩内を二分した抗争の輪廻を断つことに努力したのである。このように斉彬は、人事面では非常に慎重に臨んだが、政策面においては積極性を発揮した。

西郷隆盛との出会いは斉彬の人材登用の代表的な例としてあげられる。西郷は郡方書役助として農村を巡回して年貢収納にあたる役職についており農村の実情に詳しかった。いっぽう斉彬は、施政の第一歩として家臣に積極的な意見をもとめる触れを出しており、そこに西郷は次々に農政に関する意見書を上申した。そのすぐれた意見は斉彬の注意をひくところとなり、斉彬は参勤交代の

大久保利通（右）と西郷隆盛

江戸のぼりの一行に西郷を加え、初めて目の鋭く光った大男の西郷を見たのである。江戸では西郷にお庭方役を命じる。これは表向きは庭そうじや使い走りが役目であるが、常に近くにいて藩主と一対一で話のできる信任の厚い役職で、私設の秘書のようなものであった。斉彬は毎日のように西郷を庭先に呼んで、外国の事情や色々なことを教え、また、西郷の意見に耳を傾けた。こうして斉彬の密命をうけた西郷の、安政期、江戸での活躍がはじまる。

斉彬は人を用いるのにどんな眼で評価したのか、エピソードには事欠かない。一例だけあげると、集成館に硝子工人として召使われていた四本亀次郎という江戸の職人がいたが、酒癖が悪く、酒を飲んでは、市中で乱暴を働いていた。その様子を家臣の一人が斉彬に注進すると、斉彬は、「人は一能一芸なきものなし、四本も硝子製作の手腕優れ居るをもって酒癖の欠点を補ふ所以なり」と答えたという。

裏返していえば「可もなく不可もなし」の人間は遠ざけられた。斉彬は、ほめ上手であり、また部下のミスに寛大であった。出来すぎた話が多いのが、斉彬の名君たる所以であろう。

大久保は直接抜擢されたわけではない。西郷の登用は、結果的に郷中の仲間の政界進出の道をひらいた。西郷も大久保も加治屋町郷中の二才頭《にせがしら》として、若いときから組織のリーダーとしての訓練を積んでいる。

この両雄と五代友厚の三人を「薩摩の三才」と呼ぶ。幕末の薩摩では、斉彬の遺志は「順聖院様《じゅんしょういんさま》御遺志」として、オールマイティな政治スローガンとなった。薩摩の三才は、順聖院様の御遺志をそれぞれどのように受けついだのであろうか。

五代友厚は、一八三五（天保六）年の生まれ。一四歳のとき、藩主が世界地図の模写を儒学者である父秀堯に命じたが、友厚は父にかわって模写図を二枚つくり、一枚を自分用にした。一八五七（安政四）年長崎伝習所に遊学、一八六二（文久二）年二回上海に密航し、藩のために汽船を購入したり、上海の市況調査をおこなっている。＊世界地図を模写したのは、実は兄だった。

五代は、好奇心が旺盛で、進歩的開国論者として成長した。斉彬の「西洋かぶれ」の後継者といえよう。維新後、官界・政界には人材がいるというので、自分は財界の指導者となり、大阪商法会議所をつくった。しかし、西の五代は東の渋沢栄一よりは近代企業家としては国益中心的考え方が強かったという。国益という観点は、明治の官財界の常識であったろうが、五代は、国家的視野にたった財政家・実業家として斉彬の一面を受けついで開花させた。

大久保利通は、近代的合理精神をもった政治家で、沈着・冷静というイメージが定着している。「藩」という観念を脱皮して、「日本」という国家的立場で事にあたったという点は三人に共通しているが、この点ではとくに大久保が門下生の首席であろう。また、大久保政権が明治政府の権力としての基礎を確立したのは、旧幕臣をはじめ人材を多方面から求め、人事に関してはフェアだったからである。大久保に関しては、「薩摩の芋づる」は当たらない。「為政清明」をモットーにした大久保にはやはり「理想的政治家」のレッテルが似合う。

西郷が受けついだのは、「カリスマ性」であろう。広範な大衆支持を得るための超能力は、西郷にしかなかった。二人は激動の時代に権謀術数の限りをつくした策士であったはずだったが、「名君」と「美談」のイメージしか残していない。西郷の「敬天愛人」の考え方は、人間の運命は天がきめるものであるから天をうやまい、すなおに生きなければならない。またまごころをこめて人を愛することは、天の心にかなうことだ、という意味である。ガラス張りの政治を説いた大久保のモットーとは対照的な内容である。

人間の資質が違うのは当然であるが、三人は違いを見せながらも、斉彬の敷いたレールの上を歩んだ。一八七三（明治六）年パリで大久保利通の送別の県人会が催された。そのとき、寺島宗則や薩摩の留学生たちが集まった。同郷の者同士、主君斉彬を語り合ったことだろう。

第四章　薩摩人気質

1　山坂達者をめぐって

最近県内の教育の場で「山坂達者」というスローガンを耳にする。薩摩藩の郷中《ごじゅう》教育の理念のひとつで、気骨ある人間をつくるためにはまず足腰を鍛えることという教育方針である。

言葉の由来は江戸時代直前の薩摩にさかのぼる。慶長の役の頃、大口《おおくち》郷の地《じ》頭《とう》であった新納忠元という勇将が「二《に》才咄《せばなし》格式定目《かくしきじょうもく》」というものを作った。

それは理想的な薩摩武士、二才育成のための教育理念を列挙したものだが、その中に「武道をたしなむべきこと」「忠孝の道を心がけるべきこと」とならんで、「山坂の達者を心がけるべきこと」とある。これが「山坂達者」の出典である。

以来二七〇年余、藩政時代を通じて「二才咄格式定目」は藩の理想的青年を育成する基準として用いられてきた。いわば強い島津軍団の掟とでもいうべきものである。それは戦前まで盛んであった鹿児島県独特の学舎教育の中で守られてきた理想でもあった。

郷中教育では地域が教育機関として機能していた。鹿児島城下に三六の郷中があったが、加治屋町郷中や高見馬場郷中などは最も郷中教育のさかんな地域であった。高見馬場郷中出身の海軍大将樺山資紀の話によると江戸時代末の高見馬場郷中の稚児《ちご》（六・七歳〜一三・一四歳の男子）の数は三〇〜四〇名あったそうだ。稚児は元服後の年長の二才《にせ》衆が指導した。

その伝統を受け継ごうというのか現在、山下小学校の愛護会では毎週一回、城山登山をもう一〇年以上も続けている。山下小学校は繁華街にあり、子供達の遊び場が少ない。そこで体力づくりとあわせて都会の子供に欠けている持久力・根気を育成しようというわけだ。

城山登山道は片道約二〇分、登山といってもそれほど険しくなく多くの市民に親しまれているが、毎週欠かさずに登るという子供達には感心させられる。団体で山道を歩くというと妙円寺参りが連想されるが、妙円寺参りも郷中教育の中の二才たちの年中行事で、「山坂達者」のよい実践であった。薩摩の青少年教育は団体で何かをするというところに特徴がある。古武道の示現流も郷中教育の必須科目だったが、個人技というより団体でひたすら敵をなぎ倒して進むのみという感じが強い。個人的な試合はない。

妙円寺詣り

では「山坂達者」奨励にみられる薩摩の教育の特徴は何か。一つは鍛練主義というか、質実剛健で、とにかく強くなければならないという考え方である。体力の重視が徹底している。それには戦いに出る武士を育てるという時代の要請があった。現在でも体育重視、心身を鍛えるという思想は生かされてよいと思う。ただ、その場合に力の強いことが善で、弱いことが悪だという誤解があってはいけない。ヤッセンボやひ弱な子供でも相手に対する思いやりが強い子であれば素晴しい。

もう一つ薩摩の教育の特徴は集団主義。地域を単位とする集団教育が明治維新期の人材輩出に役立った。その点で薩摩の集団教育の評価は高い。ボーイスカウトも郷中教育を知ったイギリス人がそれにならって始めたともいわれている。

ただ、これからの教育は一つのスローガンのようなものをかかげ、それをもとに集団を教育していくというのではなく、やはり子供一人一人の個性を生かしたキメの細かな教育が必要であろう。戒律と威力の教育は通用しない。自由主義か鍛練主義かの二者択一でなく、いつの世にも基本的なしつけや態度・責任感・連帯感が大事であると思う。

参考文献

○郷中教育研究会『郷中教育の歴史』鹿児島県

2　藩校・造士館

薩摩藩の教育システムは、二つの柱からなる。一つは郷中教育であり、もう一つは藩校造士館である。島津斉彬は、造士館に大きな期待をよせ、一八五七（安政四）年、とくに諭達して造士館の学風を一新させた。「造士館・演武館は、重豪が人材養成の目的で創設したのに、その後なんとなく衰退した。この際改革に着手するが、お前たちも造士の趣旨に叶うようにつとめよ」と諭した。西郷・大久保ら多くの人材が、この造士館で育成された。今日、明治維新の教育環境として郷中教育が評価されるほどには、造士館教育は重視されていないが、有能なエリート官僚を養成した点で、造士館教育の果たした役割は大きい。

造士館には、八歳から二一、二二歳までの青少年が学び、一貫した教育体系をもつ総合校であった。ただ、各郷の多くの子弟を収容することは不可能であったので、選抜されたエリート養成校の観があった。一種の義務教育である郷中教育ほどの社会的広がりは造士館教育にはなかったが、機能的には両者は相互補完的である。郷党的団結からくる郷中教育の偏狭性を打ち破るものは、造士館における学校教育であった。幕末の達志館（一八六〇年）・開成所（一八六四）は造士館の分校とみることができる。

木曽川治水工事のあとの財政窮乏下にあって学校新設は思いもよらぬことだという非難もあったが、重豪は強硬に押しきった。工事は、一七七三（安永二）年二月に始められ、八月に竣工した。諸士から寄付を募り、城下上町・下町の住民、また琉球王・種子島氏・島津因幡らの大身にも造営手伝いを命じた。場所は鶴丸城の南、はぜ林の荒れ地であった。大工三七〇〜八〇人、ほかに六〇〇人ずつ、日に一〇〇〇人以上の人夫を動員しての大工事であった。聖堂は土を七尺も引上げるというので、桜島から人夫が六〇〜七〇人徴発された。

造士館のありさまは『三国名勝図会』にくわしいが、これは江戸の昌平黌（一六九〇年）を模した壮大なスケールの藩校であった。九州には佐賀の弘道館（一七〇八年）・熊本の時習館（一七五二年）・小倉の思永館（一七五八年）など八つの藩校があった。また全国各地に二〇〇余の藩校があり、なかでも岡山の閑谷《しずたに》学校（一六六一年）・米沢の興譲館（一七七六年）・萩の明倫館（一七一九年）・仙台の養賢堂（一七七二年）・会津の日新館（一八〇三年）・伊勢の有造館（一八二〇年）・水戸の弘道館（一八四一年）などは、校勢がさかんで、造士館とともに有名をはせた。

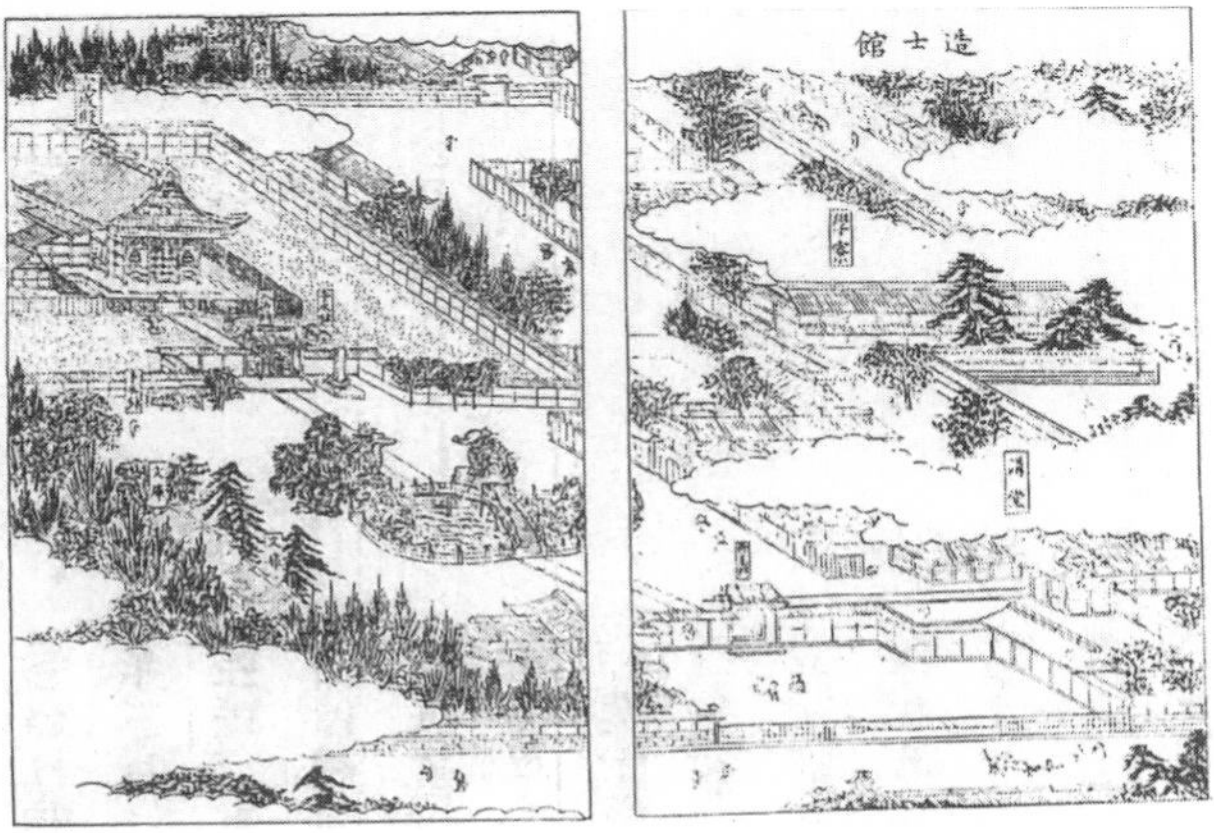

造士館『三国名勝図会』より

造士館の生徒の数は、「数百人」といわれ、本来は城下士の教育のためのものであったが、外城居住の士分の子弟・陪臣・農工商の子弟たちも別室か末席で聴講することができた。寮生もいたが、ほとんどは通学生であった。登下校は各郷中《こじゅう》ごとに隊列をつくり、稚児《ちご》は二才《にせ》衆（一四、五歳以上の元服した男子）に引率されていた。各郷中は独立の地域的結社であるから、登下校に他の郷中を通るときには、しばしば郷中同志の喧嘩・もめごとが絶えなかったようである。造士館の近くになればなるほど高級武家屋敷地があり、家格の低い郷中の者は軽蔑された。

学校から帰ってもあとは自由というのではない。連れだって然るべき先輩のところへ行き、指導を受けた。そこでは、「穿議《せんぎ》かけ」といって、父母の教えにそむかなかったとか、日常生活の反省や、戦場にのぞんでの咄嗟《とっさ》の判断の訓練などを受けた。示現流の練習もある。郷中教育は徳育と体育をかねていた。

寮生の場合、修学中心の生活であった。寮生は数十名ほど、各郷の俊秀で、これには専任の教師が起居を共にして教導に当たった。

出水郷出身の河添行充は、一八三六（天保七）年九月一九日から一二月一八日までの三ケ月間の造士館就学の日記を残している。行充二一歳の秋、藩境の出水郷を出て二日ばかりで城下の造士館に到着した。日記は毎日綴られているが、ほぼ同じ日課である。学寮内の直月寮では授業が毎日のように行われている。各教官は月番交替で生徒の指導にあたった。午前は造士館で学び、午後はまた別な教授の門に学んでいる。教科書は、「論語」「孟子」「中庸」「近思録」から「十八史略」「史記」の歴史書までである。就床は、午前零時から午前二時の間ごろまでで、寝る前には教科書の下見をしている。夕方から砲術師範家の青山家へ行くこともあった。娯楽はほとんどなく、ただ一一月に谷山に紅葉見物に行ったこと、城下の市見物に二、三度行ったことを記している。

河添は、のち大坂・江戸に学び、江戸では古賀侗庵の門下で、塾長にまであげられたが、六年間修学して帰国した。紀州侯から任用の申入れもあったが、郷里で出水郷校を興し、一八五〇（嘉永三）年、三四歳の壮年で死去した。いわば優等生の記録とみてよいが造士館の教育の厳しさがわかる。館内には、罰読というのがあり、もし生徒が校則にそむき、教示に従わないときは、総員下校後、午後四時ごろまで残って、復読させられた。生徒で成績優秀の者一五名には、稽古扶持四石が与えられ、さらに優秀生には藩外遊学の定めがあった。はじめは実施されなかったらしいが、斉彬の代に生徒から希望を募り、盛んに藩外へ遊学させている。一八六五（慶応元）年の英国への留学生派遣もその延長にあった。

二才衆が集り談議する

3　ボッケモン兵六

「兵六《ひょうろく》の物語」といえば、鹿児島県内では多くの人に知られている。物語のすじは知らなくても「兵六餅」の絵柄で覚えている子供もいる。正しくは『大石兵六夢物語』といい、直情径行の兵六という若者が吉野に住む狐退治に出かけ、さんざんな目にあいながらも不屈の豪胆さでついに狐を仕留めるという筋書きである。

この物語は江戸時代の後期に毛利正直という薩摩藩士によってつくられた。藩内でひろく愛読されて、芝居狂言や絵巻にもなり、「兵六踊り」となって出水郡高尾野町ではいまもつづいている。以前にはこの「兵六踊り」は国分など県内各地でおこなわれていた。

作者の毛利正直は一七六一（宝暦一一）年に鹿児島城下の加治屋町という下級武士の多く住む郷中に生まれた。一四歳のとき御小姓組に編入されたが、二四歳のころ草牟田の池之平に庵をつくり、居を移した。すでに藩庁の出仕をやめた毛利正直の生活は、夏は団扇《うちわ》づ

林の中から三眼坊が出る

くり、冬は櫛《くし》けづりの手内職で生計をたてていた。

一八〇三(享和三)年に四三歳で亡くなるまでに、『大福弁夢中小鎚』『移居記』『煙草記』『夫婦論聞書』『酒餅論』などの著作を出している。

正直の『大石兵六夢物語』の自序には、巷間で古くから伝わる「兵六ばなし」に異説が多く、享保・元文ごろに川上某の手に刊行された原典の格調が失われていることを歎いている。「その異説の誤りを知っていて改めないことは迷いの夢を重ねる如く苦しく罪深いものである」として、夢物語のあらすじを新たに書きつけたとしている。

物語の時代は室町、舞台は鹿児島城下の北郊にある吉野原で、兵六が狐にたぶらかされながら奮闘するさまが、おもしろおかしく描かれているが、実はこの自序にも明らかなように、昨今の士道が乱れるさまを諷諭して正すことがもくろみとなっている。

まず物語のはじまりは、いずれ劣らぬ暴れ者の二才衆《にせんし》が集まり、吉野の実方に出没する妖怪に話が及ぶ。兵児二才たちの名は、筑紫の果ての荒えびす大石兵六、ぼっけもん吉野市助、一人で敵城のり

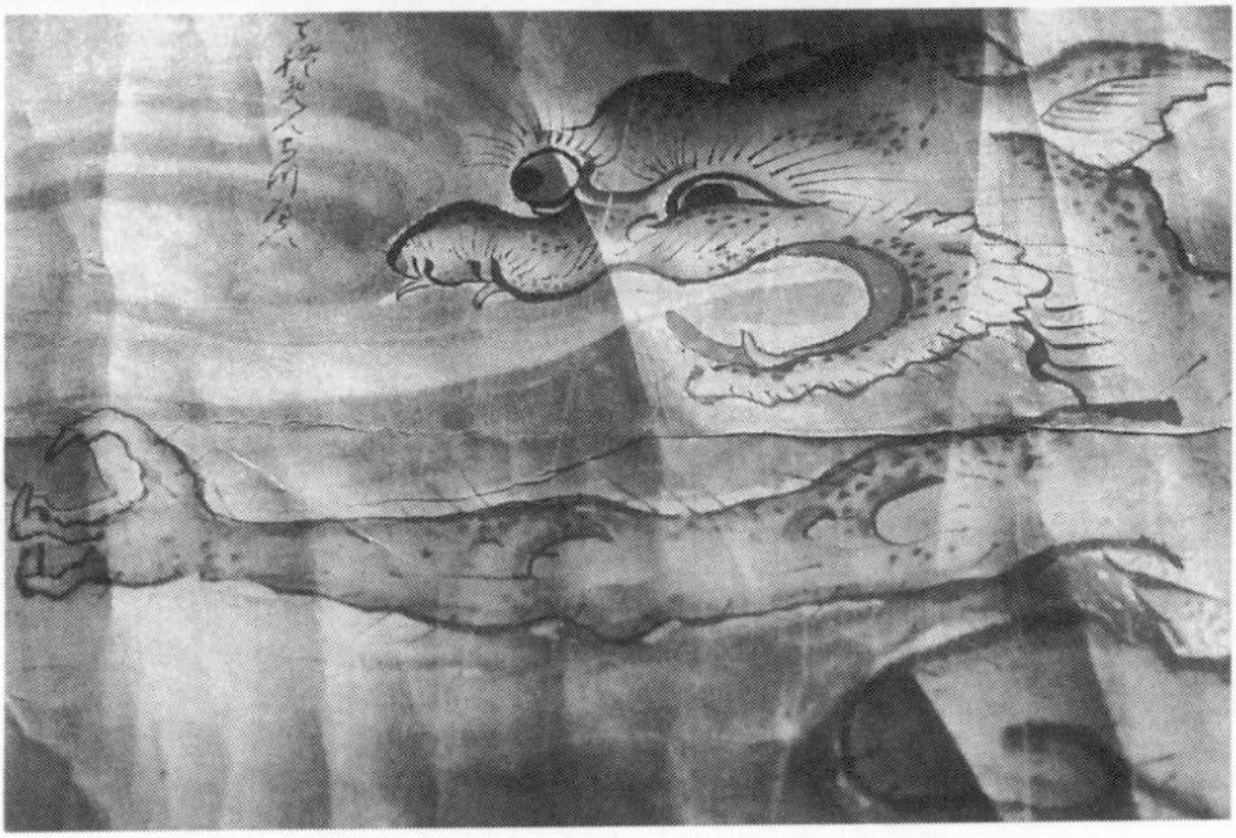
炎を吐いて襲いかかる化物

こみ有名を馳せた春田主左衛門、大久保彦山坊などを中心に十数名、いつも明月の夜の兎狩りや、花見で琵琶・天吹の興を催す仲間たちであった。

大久保彦山坊はその名の如く修験の山伏、得意の八卦を使いさっそく世相を占う。東に礼拝し呪文を唱えて袖の内で占うと、その卦は「山地剝」、陰が陽にうち勝つ「凶」と出た。すなわち「小人官道にほこり、君子山野に隠るる」の卦、天下の武道まさに衰えんとする兆である。

「今後二、三〇年もたつと武士道は廃れ、富貴な者は仁義を忘れ、貧者は内職の団扇づくりの元手もなくなり、神様は賽銭、仏は進物ばかり欲しがる。町人が両刀をさして武士に化け、出家した僧が妻子を隠して禁制の一向宗かと驚かされる。魚の目を真珠に、真鍮を黄金と言い、本が読めるだけで大儒学者と、鼓弓・三味線が雅楽に、女子が男の横座を奪い……。」

と一同は次つぎとこれからの世相を憂えるが、実はすでに鹿児島城下町にはびこっている風俗であった。こうした世であれば、金に

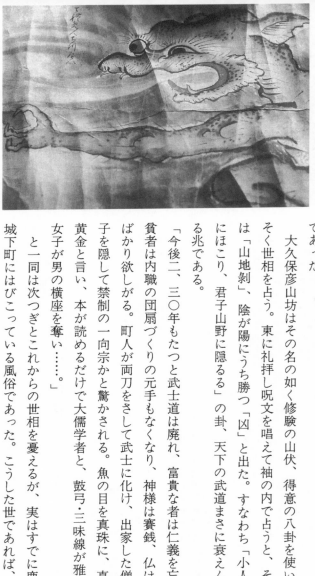

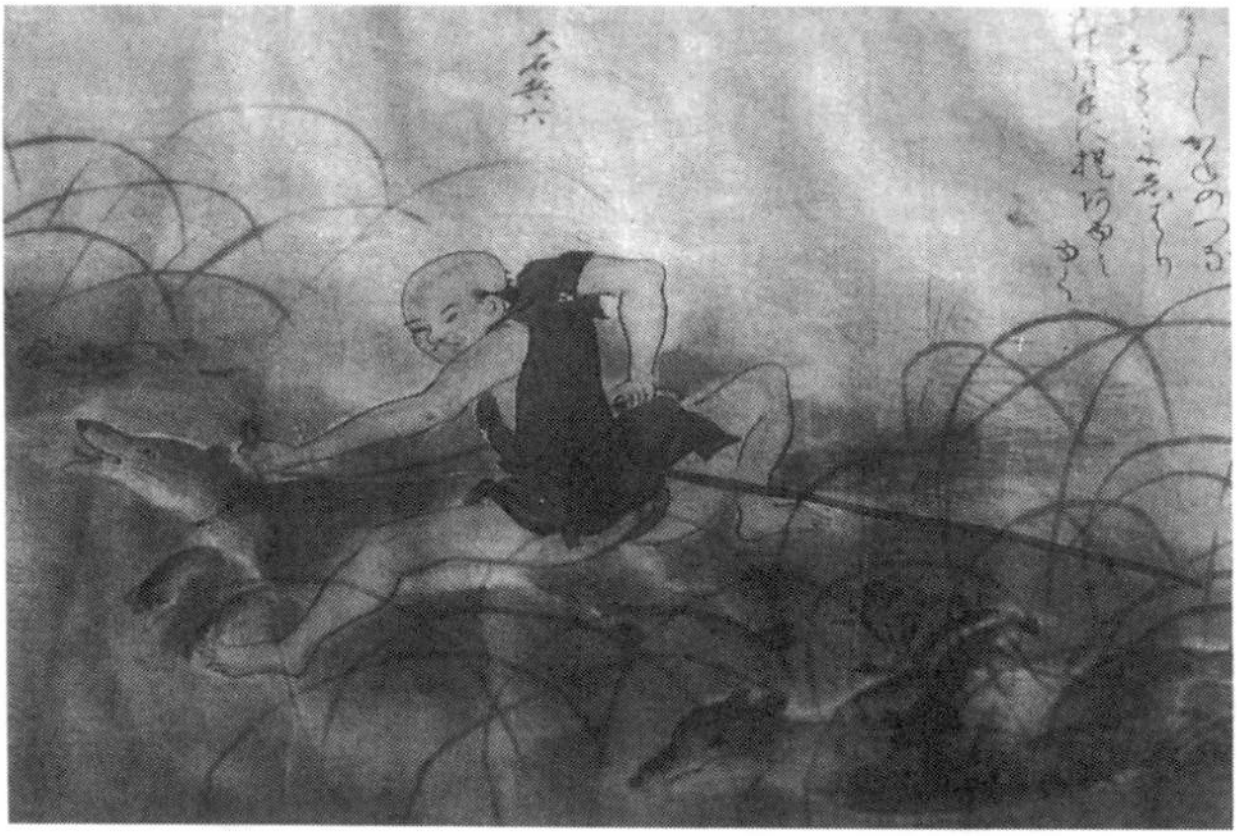

やっと二匹つかまえるが親父に化けた狐にだまされ逃げられる

目がくらんだ煩悩の野狐どもがはびこり化けて妖怪となるのである。狐狸にたてつかれては、侍の面目にもかかわる。帖佐・国分郷の兵児二才どもに先をこされては城下武士の恥と談論風発、血気盛んであった。

「化物退治に大勢の侍がおしかけて城下をさわがせては世間の聞こえが悪い、我と思わん者はいないか」との声に、大石兵六からからと打ち笑い名のりをあげて、その心意気を披露する。兵六が思い極めて角立てた眼は正気の者と見えないほどだった。

これを聞いた春田主左衛門は、忠義にこりかたまった大石兵六をほめたたえ、「首尾よく妖怪を討ちとったなら、我々一同の刀を引出物に与え、そのうえ稚児まで世話し、芋蛸豆腐の茶かけ飯、馬鹿の名取のけんちん汁、雉子・にわとり・とびに烏、焼酎に白酒、のぞみ次第のごちそうをしよう」。とおだてられた兵六は、勇気りんりん気負いたって出かけた。

一方それを迎え撃つ狐群の大将は兵六の出陣を察知し、一白・二赤・三黒・四天狐・五斑《ぶち》・背禿などの武将以下、数千匹で布陣する。

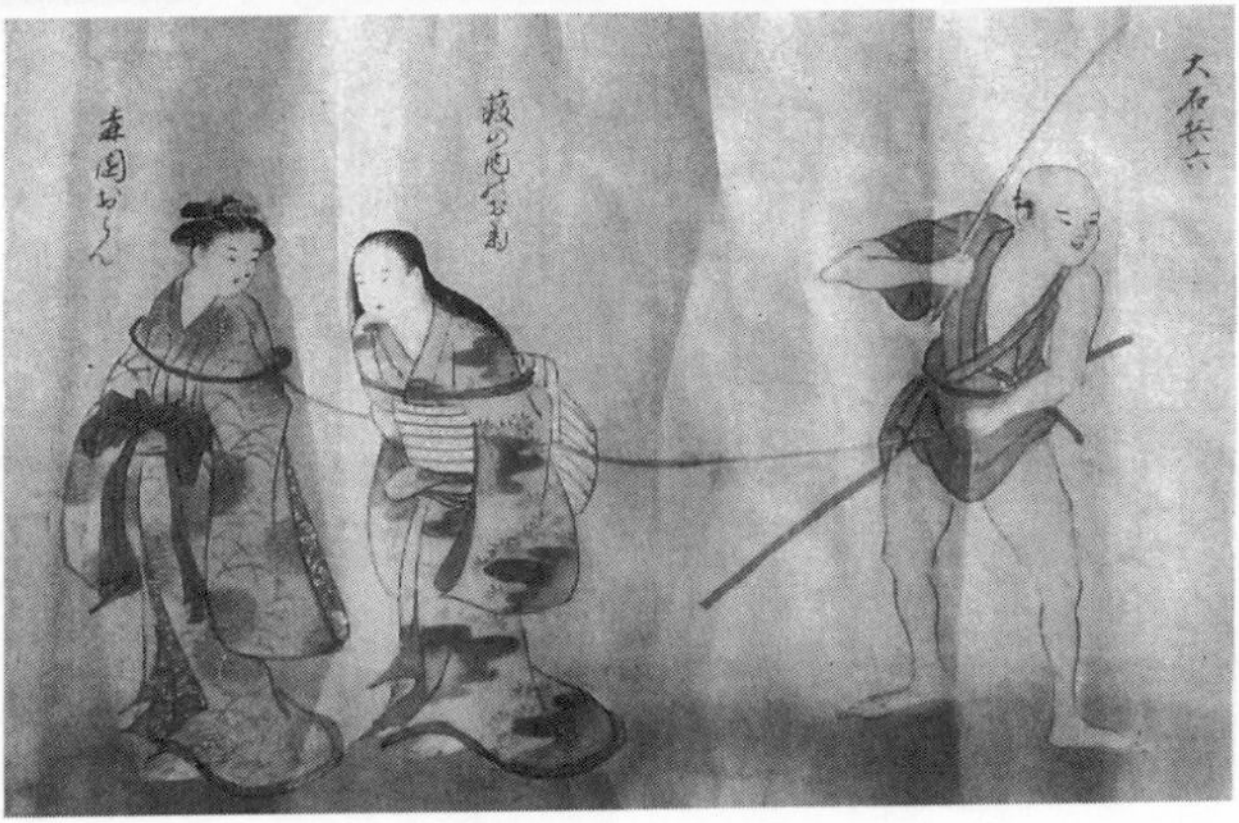

娘を狐とまちがえて、また失敗する兵六

その作戦は、まず一里塚には遠かがりを、磔者《はたもの》瀬戸には茨木童子を、帯迫には抜首二つおき、鞍馬天狗を中に入れて、関屋には山姥と蓑《みの》婆尉《はじょう》、あな恐しの穴熊、釣り狐を配して、兵六の血の気を吸い倒し、頭をそってはずかしめてやろうとの手筈。

それとも知らずに兵六は、眼をいからせて肩を張り、実方あたりをゆき過ぎると、その名も恐しき磔物瀬戸の坂の下……

といった具合に物語はトントンと小気味よく進んでいくが、仲間の前で長広舌を吐いたわりに、次つぎとくり出す「三眼坊」「ぬっぺら坊」「抜け首」「山姥」などにおどされて逃げまどう。ついに野狐を生捕ったと思うと、だまされてクリクリ坊主にされてしまう。

さんざんな目にあう兵六であったが、最後には狐どもを仕留めて仲間たちのもとへ勝利の凱旋をするというところで物語は終るが、全体としてボッケモン兵六の失敗譚という印象である。

兵六は、ボッケモンという薩摩独特のヒロイズムの系譜の中の人間として一般には理解されている。また物語は、島津重豪の重商主義的政策の行きすぎに対する痛烈な諷刺ととれる。時の権力者が狐

助けた和尚は化け狐

にたとえられている。だからといって兵六を権力者に立ち向かうヒーローとして描いてはいない。その意味で単なる勧善懲悪の物語ではない。正直はあくまで傍観者的立場をとることにより時代世相の変化をたくまずして感じとり、それを物語の中にあらわしたのではないだろうか。島津重豪とは立場が異なるとはいえ、正直もまた一八世紀の現実をふまえて、将来を予見していた、とみることはできないだろうか。そうした歴史的背景を抜きにしても、兵六物語は、薩摩のすぐれた戯作文学作品である。

※この項の写真は、セイカ食品所蔵の絵巻による。

4　小松帯刀と坂本竜馬

鹿児島市内天保山に「坂本竜馬新婚の旅碑」が建っている。日本での新婚旅行第一号を記念したものである。今から一二〇年前の慶応二（一八六六）年春、坂本竜馬は妻のお竜を連れて海路鹿児島にやってきた。その時、二人は霧島の温泉をあちこち訪ねており、新婚旅行の風俗のはしりだといわれるようになった。

実はこの新婚旅行第一号と薩摩の歴史は深い関わりをもっている。二人を招いたのは、明治維新のときの薩摩藩の家老、小松帯刀《たてわき》清廉である。質実剛健を旨とした薩摩にあって新婚旅行の世話をした宰相は異色であろう。そこで幕末薩摩藩の城代家老として大政奉還に大きな功績をあげた小松帯刀と、薩長土同盟の橋渡しをした坂本竜馬との交流の跡を訪ねながら、二人に共通した人間性についてふれてみたい。

日吉町吉利《よしとし》は小松家ゆかりの土地である。藩政時代は吉利郷と呼ばれていた。水田の少ない畑作地帯であったので、櫨《はぜ》から蠟《ろう》をつくるなどの殖産興業が盛ん

小松帯刀とお琴

だった。領主小松氏は、もと祢寝《ねじめ》氏といい、太閤秀吉の時代に根占から吉利に移された。吉利に根占と同じ名前の鬼丸神社や園林《おんりん》寺があるのはそのためである。小松氏の居城は南谷《なんでん》城といい、今は吉利小学校になっている。南谷城を中心に武士集落である麓《ふもと》が形成された。（現在廃校）

小松帯刀は二二歳の時、島津斉彬のお声がかりで喜入《きいれ》郷領主の肝《きも》付《つき》家から吉利郷領主小松家の養子となった。小松家代々の墓は園林寺跡にある。堂塔伽藍《がらん》は廃仏毀釈で壊されて今は無いが、墓地には薩摩独特と思われる箱家型の立派な墓が並んでいる。その中に第二九代小松帯刀の墓と、すぐそばに妻のお千賀《ちか》の墓がある。ところが、この墓地の隅に小松を助けたもう一人の女性の墓がある。第二夫人お琴の墓である。

お琴は京都祇園の名妓といわれた人である。なぜ小松が京都の舞妓さんと知り合いになったかというと、幕末小松は薩摩藩第一の家老として朝廷と幕府との間に立って仲介役としての重要な役目をになっていた。京都の小松屋敷は近衛家から譲り受けたものだが、勤皇の志士や公卿との会合にしばしば使われ、坂本竜馬の斡旋により、小松・西郷と木戸孝允との間に薩長同盟が結ばれたのも小松屋敷においてであった。そうした活動の中で若き家老の小松はお琴を見初め、側室兼接待役として身受けした。そして二人の間には跡継ぎの子が生まれる。

明治三年小松は三六歳の若さで病死するが、四年後にはお琴も後を追うようにして亡くなった。二六歳であった。その墓が他に比べて一段と小さいのは、本妻お千賀への遠慮があったからであろう。お琴は生前「自分が死んだら帯刀公の側に埋めて下さい」と遺言するほど小松を慕っていた。小松の暖かい人柄がしのばれる。小松はまた、西郷の妻を捜そうと骨を折り、西郷は小松の媒酌で岩山家の糸子夫人と式を挙げたといわれる。若い貴公子は温和で、世話好きでもあった。　＊西郷の挙式における小松の媒酌は誤伝。

ところで、小松帯刀の業績はこれまで西郷・大久保の陰に隠れてほとんど顧みられることがなかった。吉利の郷土史家瀬野冨吉氏はこれを残念に思い、このたびはじめて本格的な小松の伝記『幻の宰相・小松帯刀伝』を公刊した。氏によれば、「小松帯刀こそ大政奉還・明治維新の大功労者であったばかりでなく、科学技術を取り入れ、留学生を派遣し、商工業を起こし、大商船隊による交易

坂本竜馬とお竜

の利潤で、教育・経済・軍備を充実し、今日の経済大国日本と外交の基礎を築いた大恩人」である。

たしかに小松は心優しいばかりでなく、先見力、決断力、指導力において抜群であった。男からも女からも好かれる素質をもっている。坂本も小松のそうした人柄に魅かれ信頼を寄せたに違いない。薩長同盟は二人の交流の所産といってよいかもしれない。そのゆかりの場所が、鹿児島市の原良《はらら》にある小松屋敷跡である。各郷の領主は、いつもは鹿児島城下町にいるのがきまりであった。小松家の本宅は鶴丸城の前、現在の鹿児島東郵便局の地にあった。原良は別荘である。ここで薩長同盟につながる重要な会合があった。

実は坂本竜馬は鹿児島に二回来ている。一回目は、一八六五年五月一日から一六日までで、このとき竜馬は原良に泊まっている。幕府の兵庫海軍塾が閉鎖になり、塾頭の竜馬は、塾生約三〇名をかかえて非常に困っていた。そこで勝海舟の依頼を受けた小松と西郷は、彼らを大坂で引き取り、鹿児島まで連れてきた。六月二五日、小松は塾生を長崎に連れていき、一人月三両二分の藩費で航海業に従事させる。また長崎の亀山に借家を借り、塾生を住まわせ亀山社中が発足する。交易と海軍の結社、海援隊の前身である。海援隊は薩摩名義で長州のために艦船を購入したりする。

坂本が二回目に鹿児島に来たのは、薩長同盟が成立した後、一八六六年三月一〇日であった。薩長同盟を成立させたばかりの竜馬は、一月二四日未明、寺田屋にくつろいでいるところを幕吏に襲われ手指を切られたが、ピストルで応戦して危機を脱した。小松にかくまわれた坂本は、傷の治療もかねて、鹿児島行きをすすめられた。今度は、坂本の命の恩人お竜も同伴である。竜馬とお竜は、薩摩の軍艦三邦丸に乗りこんだ。

竜馬とお竜の薩摩での足跡をたどってみよう。三月一六日鹿児島から舟で隼人町浜ノ市まで行き、日当山《ひなたやま》に一泊、一七日新川渓谷の塩浸《しおひたし》温泉に到着、ここで犬飼の滝を見物したり、魚を釣ったり、ピストルで鳥を撃ったりして一〇日間ほどのんびりした。竜馬は「まことにおもしろかりし」といっている。

さらに山深く入り、「きりしまの温泉」に行った。塩浸温泉から一〇キロほど上流にある硫黄谷温泉か栄ノ尾《えのお》温泉であろう。栄ノ尾温泉には藩主行館もあり、小松が常宿としていたところである。霧島湯は、江戸時代の全国温泉番付では西方八位に名がみえる。そこから二人は高千穂峰を目ざす。「山上ニのぼり、あまのさかほを見んとて妻と両人づれニてはるばるのぼりしニ……どふも道ひどく、女の足ニハむつかしけれども」ついに頂上に達した。そこで二人は天の逆鉾を引き抜くというういたずらをしている。その日は霧島神宮に参拝して宿をとった。

二人が鹿児島に帰ってきたのは四月一日、約一か月近くの楽しい旅であった。旅の様子がわかるのは、竜馬が土佐の乙女姉に絵入りの詳しい手紙を書いたからである。この中で竜馬はお竜をはっきり妻と書いている。竜馬のあけっぴろげで大らかな性格がしのばれる。

竜馬を薩摩に招いた小松も物にこだわらない性格の持ち主であった。小松と竜馬には共通した人間性が認められる。まず第一に、二人とも女性にたいへん優しい。小松は薩摩藩を代表する家老として京都にあって多忙の中、鹿児島の正妻お千賀《ちか》への便りをおこたらない。竜馬のほうは実に筆まめに土佐の乙女姉に便りを出している。お竜に対しても高千穂峰では「女の足にはむつかしけれど」といった思いやりようであった。

第二に二人とも儒教道徳にとらわれていない。お竜を薩摩の軍艦に乗せるなど当時としてはとんでもないことであった。なぜなら薩摩は古来尚武の国であり、薩摩隼人は質実剛健を尊ぶあまり、極端に婦女子を忌み嫌う風潮があった。女性を乗せると船霊《ふなたま》様がヤキモチをやくといわれていた時代である。

また二人ともおしゃれであった。小松の美男子《ヨカニセ》ぶりは現代人が見ても異論あるまい。竜馬のほうは中岡慎太郎が「坂本は何で彼様《あんな》にめかすのか、武士には珍らしい男じゃ」といっていたというから身なり構わぬ豪放磊落《らいらく》といった一般のイメージとはほど遠い。

二人の最も重要な共通点は斬新な経済感覚であろう。竜馬は、船賃をワリカンにしたり、海援隊の隊長の給料を高くしろと岩崎弥太郎にゴネたりしているところをみると、わりと金銭面に細かい。こうした几帳面さのためにかえって仲間の信頼を得ていたのであろう。小松のほうは薩摩藩の勝手方《かってほう》の家老であるから、財政の最高責任者である。ニセ金作りや藩費留学生の派遣などの金繰りを直接担当している。小松はイギリス商人グラバーとの交渉を通じて、次第に近代の経営感覚に近いものを身につけるようになったのではあるまいか。小松の援助を得て自由人竜馬は、貿易と海軍の結社である海援隊を結成する。二人は、建て前にとらわれない柔軟な思考力をもった非凡な経済人であった。

5　郷士たちと西南戦争

西南戦争の地元鹿児島では、西郷の神格化とともに中立派の動きは埋もれてしまった。衆議院選挙奄美区にみられるように地元で中立を堅持するのは難しい。西南戦争における出水郷守備隊長伊藤祐徳のいわゆる〝叛旗〟も私は〝裏切り〟というレベルの問題ではないと思う。彼は一貫して地元の将来を憂え、自主的に最善の判断をしたのである。西南戦争前の鹿児島県は「西郷王国」といわれ、私学校党一色であったかのような観があるが、伊藤祐徳のような当時としては達識の非西郷派を各郷に見出すことができる。

例えば、南薩の田布施《たぶせ》郷の最高職 噯《あつかい》の宮内善左衛門。彼は安政年間から吹上《ふきあげ》浜砂防工事に従事、私金三百貫を投じ荒廃地数十町歩を開墾し、一八九一（明治二十四）年に病没するまで四五年間、砂防林育成に尽力した。宮内は西南戦争がぼっ発するとやむなく工事を中断して桜島へ避難した。桜島は島津久光の疎開先であり、中立でいられると考えたのであろう。宮内が舟に乗り込んだら討手が迫っていて危機一髪の脱出であった。門閥の宮内家は当然頭《かしら》に立つべきとされ、田布施郷において中立であることは許されなかった。

北薩の大口郷 噯《あつかい》の有村隼治夫妻の場合は悲惨であった。有村家は天保改革のとき木曽川疎水工事を指揮し、伊佐米《いさまい》を宮之城《みやのじょう》の蔵まで送る舟運を開いた功績があり、海音寺潮五郎『二本の銀杏』のモデルとして知られる。西南戦争のとき大口郷は勇将辺見十郎太が徴募に躍起になったところで、田原坂敗退後の三月、有村隼治は夫人スマと別々に呼び出され、斬殺された。有村が官軍に内通したというのが殺害の理由であった。

日向の志布志《しぶし》郷には名刹大慈寺《だいじじ》の住職で勤皇僧の柏州和尚がいた。一八六二（文久二）年京都で島津久光の幕政改革を助けた人物である。西南戦争では法嗣商隠とともに順逆の理を説いたために私学校徒から迫害され、寺領の田之浦に追われる。田之浦は柏州が一八五七（安政四）年苦心の末開田したところである。柏州は砂鉄採掘など産業開発につくした。

大隅の高山《こうやま》郷でも噯《あつかい》家の宇都宮東太が非協力的であった。高山士族はひとかどの国学者である東太に私淑していた。西南戦争が始まろうとすると私学校に通っていた河俣ら三人が幾度か帰郷して参加を呼びかけたが応ずる者は少なかった。しかし最後は、東太も時勢に抗しきれず、「一束三目《いっそくさんめ》ハッチケ！（行け）」

と言ったと伝えられる。薩摩独得の郷中《ごじゅう》教育で育った若者は「連《ツ》レ」という共同行動を大切にした。今日からみれば奇妙だが、当時の人の行動様式には、たとえ善悪の区別はわかっていても「ツレ」を大事にして行動に走るところがあったと思う。西郷が城山に没した後も高山郷では、西郷の書は床の間に掲げないという家もあったそうで、伊藤祐徳が西郷から贈られた書を惜し気もなく他人にあげてしまったという話とも符合する。出水兵児《へこ》の動向を重視した西郷は、人望厚い伊藤を自ら訪ねていたらしい。

北薩の菱刈《ひしかり》・太良《たら》郷の戸長伊地知嘉兵衛・時任《ときとう》時之助は、初め西郷軍を支援するが、後は官軍に協力している。同じく菱刈郷の要職にあった山下竹之助は豪放で見識があり、西郷とは親交があったにもかかわらず挙兵に反対し、官軍に入り流れ弾に当たって戦死した。山下が葬られていた鹿児島市祇園洲《ぎおんのす》の官軍墓地は西郷信者の故勝目清市長時代に撤去された。山下も菱刈郷にあって田中開田など幾多の開墾・土木事業に貢献した産業開発者であり、他県でいえば篤農家といってよい。

三万五千石の私領都城《みやこのじょう》隊は戊辰戦争で活躍したが、西南戦争では旧領主島津久寛は桜島に避難した。このとき碩学木幡《こわた》栄周はじめ百余人が久寛に従った。

都城学校長を勤めていた木幡は、戦後いち早く都城に帰り、学校を復興した。同じ都城の家中《かちゅう》、隈元棟貫《とうかん》は高奉行・剣道師範を勤めた武人であったが、明治一〇年鹿児島県第一〇五大区長の職にあった。周囲が西郷軍につく中で、「義を取り肯て応せす、賊将大に怒り先つ棟貫の首を刎ね首途を祝せん」としたが、幸い難を逃れた。戦後、隈元は西・東・北諸《もろかた》県郡長を歴任しながら開墾事業を進め、晩年は囎唹《そお》郡のシラス台地の水田化事業にとりくみ、さらに子宗正と北海道に大開墾を計画したが、事業いまだ至らずして明治三五年病没した。

元帥上原勇作の実兄・龍岡資峻は、一八六六（慶応二）年八月、長崎で西洋銃を購入して都城隊の洋式化に務め、明治二年七月には都城三万五千石の家老職に就くほどの門閥役人である。栄職にあった龍岡が郷里の青年を御親兵として率いて上京したのは明治四年八月のことだった。廃藩置県の成否は薩長土の御親兵の兵力にかかっていた。ところが家老職までつとめ、三一歳という壮年の龍岡の地位はただの伍長であった。龍岡は都城の青年を引率した責任上、故郷に帰ることは思いとどまったが、心中察するに余りある。思えば、山陰道鎮撫使西園寺公望の参謀までつとめた伊藤祐徳は、すでに四五歳であったが、陸軍中尉、近衛一番大隊会計という扱いも低いのではなかろうか。

御親兵の内情について串木野郷の士族野元謙介の覚書が残されている。

「鹿児島隊のうちでも城下士族と郷士族とは仲が悪くて、ことごとにいがみ合っていた。その原因は城下士族が郷出身者を軽蔑し、又一向昇進させてくれないからでした。……当時城下組の圧制は甚しいもので、郷出身は出来のよい者でもなかなか昇進させません。……城下士族は出来ない者でも引上げて隊長としたもので、自分達の小隊長に字の書けない人がなったこともあり、その時は自分達はわざと写し物などを頼んだりして、いじめたそうです。……そんなわけで、御親兵の任期が済んだ後では、大部分は帰郷心が強く帰国した者が多かった」。

野元の回想から察するに、伊藤祐徳も威張りまくる城下士族のもとで近衛兵としてとどまるのを潔しとしなかったのではなかろうか。果たして祐徳は明治五年一〇月、さっさと帰郷した。征韓論に敗れた西郷の帰県は翌年一〇月で篠原国幹・桐野利秋ら多くの薩摩軍人が西郷にならっているが、祐徳の場合、これとまったく関係ない。西郷下野以前に帰郷する郷士が多かった理由は、城下士は帰国しても農業が出来ないので食べるのに困るが、郷士は帰っても食べるに困らぬわいという気持があった。特に門閥の祐徳は土地経営に専念し、戸長でも勤めたほうがましだったのではなかろうか。

『山河燃ゆ』のモデル、加治木《かじき》郷の伊丹《いたみ》明の家も西南戦争に巻き込まれた。伊丹家は、関ヶ原の合戦に敗れた島津義弘が泉州堺から連れてきた茶道の名人伊丹道甫の子孫である。一六八二(天和二)年には、二二八石余の伊丹孫兵衛、三一石余の伊丹六左衛門の二家あり、孫兵衛家は世襲の組頭《くみがしら》家である。伊丹明は六左衛門の流れと思われるが、禄が三一石余もあれば良いほうに属する。私領の加治木は一万九〇〇〇石余の大郷であったので、私学校では別府晋助を区長として送り込み、西郷自身も時々巡見するなどして加治木家中《かちゅう》の掌握に努めた。

明治八年いちばん早く私学校分校も出来、私学校徒でなければ士にあらずという状況であった。伊丹明の父は慶応三年生れで丈四郎といい、その父かと思われる丈平が加治木隊の半隊長となった。ところが門閥の伊丹親恒は官軍についたため、家族は郷里で苦境に陥った。

「父の親恒は、西郷隆盛の私学校に入ったが、校内の不穏分子の陰謀画策を知り、ひそかに同志二十余名とともに鹿児島を出奔して東京に赴き、……郷士の人士をして大義名分を踏み誤らせぬよう勧誘すべき内命をうけて鹿児島に帰り、そしてその任務を終え、東京に向い国境を越えまさに肥後に入らんとする際、賊徒に捕えられ、鹿児島に護送され獄につながれた。加治木においては、父と行動をともにした数名を除くほかは悉く皆賊党に加わり、生母の父も賊軍貴島隊の小隊長であった。それで生母も時勢に抗しがたく……生後一年半の愛児松雄と絶縁して実家に帰ってしまった。松雄の家は賊党の渦中に包囲され四面楚歌の窮境に陥り親族間の交通も断たれ、乳母を雇いたくてもくるものもなかった。……松雄の家は賊軍の本営に徴発され、祖父親昌は憤懣激怒のあまり、一族自尽の覚悟をなし、まず松雄を刺さんとし、白衣をまとわしめ、まさに一刀を下さんとしたせつな馳せ参じた親族がこれを諫止してその刀を収めしめ、家族を連れて難を近村の農家にさけた」。(『加治木郷土誌』)

伊丹松雄は後の陸軍中将、南米はじめ欧州を回り、ブラジル移民の途を開いた人である。

非西郷派の共通した特徴は、地方の門閥有力者、地主、豪農、篤農家、産業開発者である。武士としての特権は失っても、彼らには守るべき土地がある。同じ士族とはいえ、旧城下士からは差別待遇を受けていた。明治一〇年当時、県庁・警察・地方吏員ことごとく私学校徒に固められ、その中で多くの良識が押しつぶされ、九州焼土戦争ともいうべき西南戦争は避けられなかった。同じような状況が太平洋戦争についてもいえよう。薩軍三万に官軍六万、戦死者双方共六〇〇〇人余りの犠牲が出て、地元には大久保に対する憎悪が残された。

中央集権化を急ぐ政府は、地租軽減一揆など重大な危機に直面していた。大久保は広汎な農民一揆と不平士族の反乱が合流することを恐れていたはずである。鹿児島士族に不穏な動きが見えだした明治九年一二月、地租を三パーセントから二・五パーセントに軽減した。専制に対する西郷の決起は必ずしも非とするわけにはいかないが、大きな限界があった。私学校精鋭を主力とする薩軍はついに九州各地の農民一揆勢を受け入れなかった。さらにかつて戊辰戦争を担った地方の門閥地主層を取り込むことに成功していない。

西郷軍は薩摩の最強軍団と信じられていたが、挙兵したときは精神的にも経済的にも基盤が怪しかったといってよい。伊藤祐徳にはそれが見えていたのであろう。一応出水軍をまとめるが、初めから西郷に殉ずる気はない。出水の被害が最小限ですんだのは伊藤をはじめとする数人の戸長・副戸長クラスの門閥諸家が独自の対応策を協議したためである。〃裏切り〃ではなく、人と土地を守るという中立の立場である。こういう土着の思想的健全さが無いというところに観念的行動論が生まれ、一億玉砕的思考が生まれる。いま大久保像が鹿児島

出水郷の伊藤屋敷

に建てられたからといって西南戦争や太平洋戦争に走った精神的土壌が克服されたという証明にはならない。

参考文献

○『出水郷土誌』昭和四三年九月　出水市
○『加治木郷土誌』昭和四一年三月　加治木町
○「最強薩摩軍団の悲劇」(『歴史への招待』三二　昭和五九年九月　日本放送出版協会)
○著者「薩摩藩軍事力と出水郷」(『芸香草』第三集　昭和五九年二月　鹿児島県立図書館)

6　初代文部大臣・森有礼

森有礼《ありのり》は多彩な魅力をもつ人だ。まず、初代文部大臣として、日本の教育の方向を決めた。次に明六社を結成し、文明開化の先頭に立った。廃刀論・契約結婚・女子教育は彼が最初に唱え、実践した。第三に、米・中・英国公使など外交の第一線で活躍した。森は、教育家・思想家・政治家の顔をもつ。

民権家徳富蘇峰は、森の生涯の前半を西洋かぶれの急進家とし、後半を専制的な保守家と評価した。はたして森は、蘇峰のいうような「転向」をしたのであろうか。

森有礼は、一八四七（弘化四）年鹿児島城下の城ケ谷《じょうがだん》郷中に生まれた。先輩の五代友厚の感化を受けた森は、早くから洋学に志す。一七歳のとき、彼が「士の嗜むべき条々」と題して記した、いわば自戒の言葉がある。

一、身を静に居るべき事
一、物事再思を得べき事
一、万事堪忍すべき事

一、欲綱を絶つべき事
一、言語達用までの事
一、人と物争う事、小事負け居るべき事

など、全部で九か条あげてある。郷中教育の理念である「二才咄格式定目」とくらべると、森の言葉の特徴は、静かで、観念的、内面的、倫理的である。全体として個人の倫理的な姿勢を規律したもので、このとき森は、自分の所属する郷中的世界から脱却していた、と考えられる。この側面が、森をのちに思想家たらしめたゆえんであろう。森のこの側面を促進したのは、英学との出会いであった。

一八六五（慶応元）年若き薩摩の留学生を含む一行一九名が英国へ向かった。森有礼はこのとき一九歳、父親は有礼の英国留学を心から喜び、詩をつくってその壮途を祝福した。イギリスでの森は、ロンドン大学に入学、英語ばかりでなく、歴史・化学・物理・数学の猛勉強に明けくれた。留学は三年と二ヵ月、この間ロシア、さらに米国に渡った森は、一八六八（明治元）年王政復古の大改変にゆれる祖国に帰ってきた。

帰国後の森は、数年のうちに夥しい数の官職を歴任する。一八七〇（明治三）

年から一八七二年までは外交官として再び米国に渡り、神道国教化政策の非を主張するなど、たえず時代の先端にあった。一八八五(明治一八)年伊藤博文内閣の初代文部大臣に就いたのは、伊藤自身の推薦があったからである。森のこのときの書きつけによれば、文明の進歩について諸大臣の責任順位は、①文部大臣、②逓信、③大蔵、④司法、⑤農商務……となっている。教育の重視が彼自身の強い自負につながり、国家主義的な教育制度である帝国大学令、師範学校令を制定していった。

森の思想では、「宗教の自由」と「国家主義」とは矛盾しないという信念があったのではないか。これが誤解を受け、一八八九(明治二二)年二月一一日、憲法発布祭典の日に暗殺された。

では、森がはじめての西洋留学から学んだものは何だったのか。薩摩藩留学生の西洋との関わり方には三つのタイプがあるようである。

第一のタイプは、家格が高い藩の重鎮で、戊辰戦争の直前に「お国の一大事」に駆けつける、和魂洋才型の維新官僚。

第二のタイプは森有礼である。彼は、藩が存亡をかけた戊辰戦争の大事に帰国せずに、さらに米国にわたって勉強をつづける。薩摩藩士としてはお家が大事なはずなのに、森はなぜすぐに帰国しなかったのか。おそらく森が西洋で見たものが西洋文明の物質的側面の高さだけではなかったからであろう。自戒の言葉にみられるように、東洋的教養を身につけていた森にとって、西洋文明は大きなカルチャーショックだったにちがいない。彼には西洋文明の本質は何であろうかという問題関心が当然のようにわいてきた。東洋人として、その本質を探りたい。そういう思いがさらに米国への留学を決意させたのかもしれない。森の孫の有正は東大助教授の職を去り、仏国へ移住して仏哲学の権威となった。有正は、再三の仏国政府の帰化のすすめを固辞しつづけた。彼は、「どんなに大きな仕事をしても、日本人森有正がしたのでなければ、僕にとって意味がありませんからね」といっていたという。森有礼の気持に通じるものがある。

一八七一（明治四）年の岩倉具視を代表とする遣欧使節団が西欧に学ぼうとしたものは、産業革命後の物質文明の高さであり、プロシアの政治体制の優秀性であった。森も初代文部大臣としてプロシアの教育制度に範をとったが、早くから西洋文明をささえているキリスト教や女子教育に関心をよせていた。一八六九（明治二）年、森は鹿児島城下に開いた英学塾で古市静子を入塾させ、男女同権を説いている。森自身がクリスチャンであったという証拠はないが、二男の明は、中渋谷教会を建てた牧師で、明の子が哲学者の明正と、もとYWCA会長の関屋綾子である。

留学生の第三のタイプは長沢鼎《かなえ》である。長沢は留学生の中では最年少の満一三歳であった。郷中の年令階梯でいえば、長稚児《おせちこ》である。長稚児（九〜一三・一四歳）は、二才《にせ》という一人前の青年男子（元服して武士の分限帳に登録される）の直前の段階である。したがって、長沢は郷中教育における儒教道徳などを未だ十分に身につけていなかったと思われる。長沢がはじめて西洋文明に接したときの感動は非常に大きかったにちがいない。郷里鹿児島とのあまりにも大きな落差に圧倒されたが、長沢は若くて吸収力のある少年である。彼の目はらんらんと輝き、向学心は高まるばかりであった。一八七一（明治四）年、遣欧使節として西欧の車中にいた大久保利通の場合は、西洋文明の高さに圧倒されてだまりこみ、タバコをくゆらしてばかりいたという。

たしかに長沢の吸収力はすばらしかった。彼には帰国するつもりはない。森と一緒に米国へ渡り、ついに米国人になりきってしまった。あらゆる困難を、持前の勤勉さと利発さで克服し、ついにカリフォルニアの葡萄王として君臨するまでに成功する。大成功した彼の目には、祖国日本はついに後進国としか映らなかったようだ。郷里鹿児島から棄民のように渡ってくる移民に対して、長沢は劣等移民と思っていたふしがあり、出稼ぎ移民に対しては冷淡であったのではないか。長沢には、彼らが日本を出てこざるを得ない社会経済的背景や、故郷を捨てきれない出稼ぎ意識を理解するには若すぎたように思える。薩摩での本名磯永彦輔はついに変名長沢鼎のままであった。

参考文献

○大久保利謙『森有礼』昭和一九年四月　文教書院
○犬塚孝明『森有礼』昭和六一年七月　吉川弘文館
○関屋綾子『一本の樫の木』昭和五六年一二月　日本基督教団出版局
○門田明、テリー・ジョーンズ『カリフォルニアの士魂』昭和五八年四月　本邦書籍

第五章　薩摩を支えた文化・宗教

1　かくれ念仏

政治と宗教には、流血の歴史の時代があった。薩摩藩による一向宗禁圧の歴史がそれだ。江戸時代の禁制下の信仰を隠《かく》れ念仏という。一向宗とは、浄土真宗あるいは、真宗の別称である。親鸞にはじまり、室町時代、蓮如のとき大きく勢力を伸ばす。戦国時代には、一向宗の本願寺門徒は、一向一揆という形で激しく戦国大名と対立した。しかし、結局は幕藩体制下にとりこまれてしまう。幕府は一向宗の教団を通じて個々の民衆を支配しようとし、本願寺側も幕府の定めた寺請《てらうけ》制度を通じて檀徒とのつながりを強化し、教団の維持につとめた。こうして本願寺教団は、江戸時代、日本の総人口の半数を檀徒として組織する最大の教団となった。ところが、南九州の相良人吉藩と島津薩摩藩だけが、この一向宗を禁止しつづけた。そのために、一向宗門徒は隠れ念仏とならざるを得なかった。

なぜ薩摩藩では、一向宗禁制の祖法を変えず、厳しい弾圧を続けたのか、諸説がある。豊臣秀吉の島津氏征伐のとき一向宗門徒が近道を教えたとか、島津宗家の有力な対抗馬だった薩州島津家、あるいは島津家に敵対した伊集院幸侃《こうがん》一族や、家督をめぐるお家騒動の対抗派が一向宗信者であったとかいわれる。いずれも門徒が利敵行為をしたというのが禁制の理由とされている。

しかし、一向宗禁制のことはそれ以前、島津日新斎の言行を記した『日新菩薩記』にすでに見えている。また福昌寺開山の石屋《せきおく》真梁禅師が、南北朝合体のときの勲功に対して一向宗禁制の勅許を得たといわれているが、薩摩へ一向宗が浸透しだしたのは、南北朝合体から一世紀ほどたってからのことである。

門徒の利敵行為や石屋の勲功などは、時間的に辻つまがあわないし、とうてい禁制の本質的理由とはなりえない。もっとも本質的な理由は一向宗の教理の中にある親鸞の唱えた平等主義が、領主権力の権威とあいいれなかったからである。島津氏は、織田信長や徳川家康などの諸大名が、長島一揆・石山戦争・三河一揆などの一向一揆に手を焼いた歴史を知っている。一向信徒は教権至上主義で、簡単には領主権力に従わない。それを警戒して島津氏は、領国内に一向宗が普及するのを未然に防ごうとした。

それと禁制を長くつづかせたのは、経済的な理由が大きい。「搾取本願」といわれるほどたくましい本願寺による農村搾取は、生産力の弱い薩摩藩の領主としてはとうてい許容できるものではなかった。肥後の『仁助噺《にすけばなし》』は一向宗の経済活動について次のように言っている。

「今の在中の真宗寺の坊主の繁昌という事は、どういう事も成りませぬ。此の在中の百姓は、どのように忙しい時というとも寺参りいたし、寺の事なれば農業を休《やすん》で加勢いたします。明日より喰物《くいもの》ないと申ても、寺の事なれば志を上げたもので御座ります。（中略）今の難儀は人間五十年程のしれた事、未来永々の難儀が大事じゃと云ふて、一入《ひとしお》坊主に志が厚《あつく》して、扨々歎《さてさてなげ》かわしき事と存ますけれど、中々口外に出す事が成ませぬ」

薩摩藩が「二重鎖国」といわれるような厳しい関津制度をしていたのも、一向宗の侵入を防ぐためであった。本願寺教団は全国的組織であり、中央市場である上方での国産品の価格操作力ももっている。国産品を上方で販売して藩財政を支えている専売王国薩摩にとって、本願寺教団は商売仇のライバルであった。

政治的にも外様大名の島津氏は、徳川氏への対抗意識をゆるめていない。後進地域において独立性を保持しようとするとき全国的な強力な教団組織をもつ一向宗は、領国の鎖国的独立性を破るものと考えられていたのであろう。

一向宗禁制の実態を物語る「隠れ洞穴《ガマ》」が県内各地に残されている。知覧郷は薩摩藩のなかでも一向宗の信徒の多いところで、隠れ念仏にちなむ遺物や遺跡が多い。知覧町歴史館には、五〇〇年の歴史をもつといわれる「親鸞上人御絵伝」、秘仏を隠すために一部をくり抜いてある家の柱、親指ほどのミニ仏様などが陳列してある。知覧町立山《たちやま》地区の「隠れ洞穴」は、農家の裏の小高い丘、昼でも薄暗い竹林の中にある。いかにも隠れ念仏の舞台という風情がある。今では、見学者のために道が広くなっているが、道の中央にある椿は昔はカムフラージュのために植えられたものではなかろうか。藩の役人の探索の目を逃れるために要所要所に張り番をたてて、講の信者たちは秘密の場所に集まった。入口は人が這ってやっと入れるぐらいの大きさだが、内部は一〇人ぐらいはいれる広さになっている。天井には空気抜きの穴もあけてある。この隠れガマの中で信者たちは御本尊の阿弥陀仏をひそかに拝み、法悦に浸った。一八七六(明治九)年の解禁後も翌年の西南戦争が終わるまで、ここに信者たちは集合して勤行したという。

これだけ注意を払っても藩の探索の目が厳しく、露見することがあった。みつかると本尊は焼却され、過酷な拷問をうけ、島流しや死刑にされた。実際に拷問の一つの石抱きの刑を受けた子孫の話では、容疑者は木の上に正座させられて、重さ四キロほどの石を一枚、二枚と重ねられ、五枚も積み重ねられると下半身の骨は砕けてしまい、その人はずっと下半身不随のままであったそうだ。

また二一歳で処刑されたお千代の物語も伝わっている。一七九三（寛政五）年、五〇〇石取りの武士の娘お千代は、都見物にことよせて本山へ参詣したが、帰国後に発覚し、取り調べを受けた。お千代は、信仰を捨てて転《ころ》ぶようにという役人に対して「仏さまからいただいた信心を改めることはできません」と拒否したため、ついに処刑された。容疑者が自白して転宗すれば、身分を落とされ、前科者の烙印が押される。死刑に処すことはないのだが、お千代のように殉難を恐れない者が多かった。藩によって大規模な摘発がおこなわれると、いわゆる「法難くずれ」の悲劇となった。なかでも、一八三五（天保六）年の弾圧は前代未聞のもので、摘発の本尊二千幅に及んだ。当時、薩摩藩内の信徒一四万人、講は七〇余といわれる。

講は信仰の集まりで、だいたい集落ごとに作られた一二、三人の小グループの講間《こま》がいくつか集まったものである。本山がお布施を集める基盤であった。解禁後はいくつかの講は説教所あるいは寺院となり、末寺として本山の下に組織化された。また戦後農村集落のつながりが急速に弱くなっていくなかで講はほとんど姿を消していく。

しかし、知覧町の横井場地区には、現在でも細布《ほそふ》講というかくれ念仏の系譜をひく講が続けられている。細布講の名前は、本山への上納の品名によっている。講の由来は、教義上の争論に敗れた京都西本願寺の大魯という僧侶が、一八〇〇年代に鹿児島に潜入して細布講という教団を組織して門徒の教化に心血を注いだ。大魯のあとをうけて、細布講の強化につとめたのが、知覧郷出身の永田正源《しょうげん》である。正源は、谷山郷以南の薩摩地方で熱心に布教活動を展開したが、一八六〇年講団を守るために首をくくって死んだ。現在でも正源から四代目の三宅勇氏を中心にして隠れ念仏の子孫たちにより、年に四回の細布講の集まりが開かれている。

正源が布教活動をおこなった知覧郷や加世田郷などの南薩は、一向宗信徒の多い地帯である。ここは、「人多くして土地少なき」人口稠密地帯で、郷士・百姓を問わず、貧しい層が多かった。一八五八（安政五）年に一向宗弾圧をきっかけにして麓の門閥に対抗して下層の郷士と百姓が連帯、徒党を組むという加世田一揆がおこったのも、多くの郷士が百姓以下の生活を送っていたからである。

北薩の山崎郷では、百姓が講の頭をつとめ、郷士を指揮している。親鸞の唱えた平等思想が、薩摩藩における厚い身分制の壁をとり払った。民衆は、禁制の網の目をくぐって一向宗を信じた。一向宗はなぜ多くの人の心をとらえることができたのか。それは念仏宗教の魅力であろう。徹底した他力本願の一向宗はもともと農民宗教的性格をもっていた。

江戸時代、他宗が寺領と固定した檀家にあぐらをかいて民衆に対する布教活動をおこたり没個性化の傾向のみられたとき、一向宗は例外的に個性の強い教団であった。薩摩藩は領内の寺院に対して手厚い保護を与えてきたが、この時代もっとも生き生きと人々をとらえていたのは、禁制の一向宗であったようだ。

参考文献
○桃園恵真『薩藩真宗禁制史の研究』昭和五八年一〇月　吉川弘文館
○佐々木教正『隠れ念仏殉教秘話　血は輝く』昭和五七年四月再刊　著作社

2　廃仏きしゃく

福昌寺は第七代島津元久が、禅僧の石屋《せきおく》真梁をむかえて一三九四（応永元）年に開山した曹洞宗の寺院である。その後も島津家代々の菩提寺として保護され、一盛時には一三五〇石の寺高をもち、一五〇〇人余の僧侶が修行に励む三州一の大伽藍を擁する名刹であった。このときの広大な寺域と堂塔は、天保年間につくられた「鹿児島城下絵図」あるいは『三国名勝図会』に詳しく描かれている。

一五四九（天文一八）年に鹿児島に上陸したフランシスコ・ザビエルは、この福昌寺をしばしば訪れ、一五代忍室和尚と語り合っている。また若き日の西郷隆盛・大久保利通らを教導した無参和尚もこの寺の住職であった。

しかしこの福昌寺の跡をとどめるものは、いまでは島津家代々の墓所とキリシタン墓がわずかにみられるだけである。幕末に活躍した島津重豪・斉興・斉彬・久光とお由羅の方などの墓石が認められる。そして墓石には戒名の他に神号が追加して刻みこまれていた。

中世に鎌倉より守護として下向し、七〇〇年にわたって社稷を保った島津家の菩提寺がいまではまったく廃絶されてしまっている。この福昌寺だけではなく、鹿児島県内のほとんどの寺院が、明治の廃仏毀釈で打ち壊され痕跡もとどめなくなっていた。この廃仏の嵐に至る薩摩の文化史をたどってみよう。

応仁の乱に伴う九州各地の豪族による戦乱が一段落すると、日向・大隅・薩摩の三州内では島津氏一族と領内の豪族たちが一体となった内乱がさらにうちつづいた。島津日新斎忠良と子の貴久は生涯を領内統一の戦に明け暮れしたが、義久、義弘、歳久、家久（一八代家久のおじ）の四兄弟によってついに三州の統一が達成された。

うちつづく戦乱のなかにも薩摩の地に独自の学問・文化が根づいていった。第一一代島津忠昌は五山の禅僧・桂庵玄樹を薩摩の地に招聘した。桂庵玄樹は明に七年間滞在し、朱子学を修め、一四七八（文明一〇）年に薩摩入りして朱子学を正しい儒学として広めた。『大学章句』という日本最初の朱子新注本を出版し、薩南学派の礎をきずいた。

一六代義久、一七代義弘と桂庵玄樹の流れを汲む儒学を重んじ、桂庵三伝の儒僧南浦文之《なんぽぶんし》は初代藩主家久の侍読となった。泊如竹は文之の弟子で学徳内外に高く、二代光久に宋学を講じた。光久は、「学文の道」をもって政道をたて、しばしば訓令を出して家臣達の教化につとめている。その後、五代七〇年を経て、八代重豪は学館創設をめざし、薩摩第二の学芸興隆期をもたらした。

藩校造士館の修学の指針では冒頭に朱子学を学ぶべきとし、異学を禁じている。幕末に造士館の訓導師として『古事記』『日本書紀』『令義解』などの教授をした後醍院真柱《みはしら》は、薩摩藩の国学、とくに平田派の復古神道を広めることに力を尽くした。平田篤胤の『古史正文』『玉だすき』『玉の御柱』が相ついで刊行され、白尾国柱・山田清安・八田知紀・田中頼庸など篤胤の門流に連なる国学者が輩出した。神政復古を理想とした明治維新の尊皇運動を興隆させた精神的な支柱となったのは、平田派の復古神道や、水戸の藤田東湖らによる復古国学であった。とくに彼らが唱えた廃仏論は後年になって新政府の教務省の中枢を占めた神道論者の手によって実施されることになった。

一八六八（慶応四）年三月に神祇事務局は「神仏判然令」を公布し、神社と仏寺の同居を禁止した。これをうけて全国的に寺院の廃合がおこなわれたが、薩摩と水戸ではとくに激しく仏寺が破壊された。この年に薩摩では、別当寺や由緒のない寺院はほとんど廃され、各地の名刹二八か寺と福昌寺・宝満寺など六か寺が残されたが、翌年の十一月までにはこれらの寺院も廃された。また新しい神社が多くつくられ、破壊を免れた寺院は神社に衣がえされた。福昌寺は島津家の菩提寺であったために長谷場《はせば》神社となって残った。

このとき薩摩・大隅・日向には一〇六六か所の寺院と二九六六人の僧侶がいたが、わずか二年の間に寺領は没収されて藩庫に収められ、僧は還俗させられ、その三分の一が兵士となった。葬儀や中元の盂蘭盆会も神式でとりおこなうこととされ、このとき亡くなった藩主夫人の葬儀も神式であった。

こうした明治政府の祭政一致を旨とする神仏分離運動は全国的に展開され、藩が率先して廃仏に立ったなかでも、民衆仏教の根づよい富山藩・松本藩などでは威令は達せられず、政府もついに諦めることとなった。

薩摩藩で廃仏が容易におこなわれた理由は、それまでの統治制度にあった。ひとつは郷村の門割制度であり、それにもとづく社寺制度である。外城の中心には地頭仮屋がおかれ、地頭の下に噯《あつかい》・組頭・横目という「所三役《ところ》」がある。郷士である庄屋に支配される村の組織は名主《なぬし》・名頭《みょうず》・名子へと、村から集落、一門一族に至るまできっちりとした縦の支配体制がつくられている。さらに麓に住む郷士の他にも村や部落内に住む多数の郷士がおり、庶民は二重、三重に監視されていた。

社寺の制度は、三州を統一する宗廟として清水町の諏訪神社（南方神社）があり、薩摩一国の宗廟は坂元の諏訪神社（長田神社）がある。この下に郷社・村社があり、三州あわせて四五〇〇余の氏神社で構成され、それぞれの社は氏子をかかえている。

一方、寺院は一〇〇〇余あり、福昌寺は三州の僧録所であったが、他国にみられる寺請制度はなく、檀家をもつ寺院も少なかった。宗派は武家の信徒が多い曹洞・臨済宗と、武家勢力に組みこまれた修験者の多い密教系の天台・真言派寺院で九割以上を占めており、民衆的な支えをもつ仏教寺院はほとんどみられない。とくに一向宗は禁教とされ薩州内には容易に入れなかった。

こうした薩摩独特の風土的条件のなかで、明治初年の廃仏毀釈はおこなわれ、わずか二年のうちに、表だった抵抗はほとんどなく、由緒ある寺院と多くの仏像・書画・仏典・梵鐘・伽藍・堂塔・記録文書や蓄積された学芸は消失してしまった。それと同時に庶民の土俗信仰や祭りも国家神道のなかに統合されて精神的な財産まで失われていった。

3 俊寛伝説

南のはてに位置する鹿児島には流人哀話が多い。和気清麻呂・僧俊寛・近衛信尹《のぶただ》などの貴人がなかでも有名である。清麻呂は七六九（神護景雲三）年に、皇位をうかがおうとする道鏡の野望を阻止したため大隅配流となった。俊寛は一一七七（治承元）年に反平家の陰謀を企てたとして、藤原成経・平康頼とともに鬼界ヶ島に流された。関白左大臣信尹は信長に寵遇されたが、秀吉の代一五九三（文禄二）年に勅勘をうけて薩摩配流となった。

清麻呂は翌年、光仁天皇の代に、信尹は一五九六（慶長元）年に赦免されて帰京した。清盛の信頼を裏切った俊寛は、翌年康頼・成経の二人が許されたなかで一人だけ残され、一一八一（養和元）年南海の孤島で生涯を終えた。

源平合戦八〇〇年記念行事が京都平安博物館でおこなわれた。壇ノ浦の戦いで平家が滅亡して八〇〇年後、一九八五年三月二四日のことである。そこでは、喜界島で発掘された人骨をもとに、専門家が顔だちを復元した俊寛像の開眼供養がとりおこなわれた。南海の孤島に流され、京にふたたび戻ることのなかっ

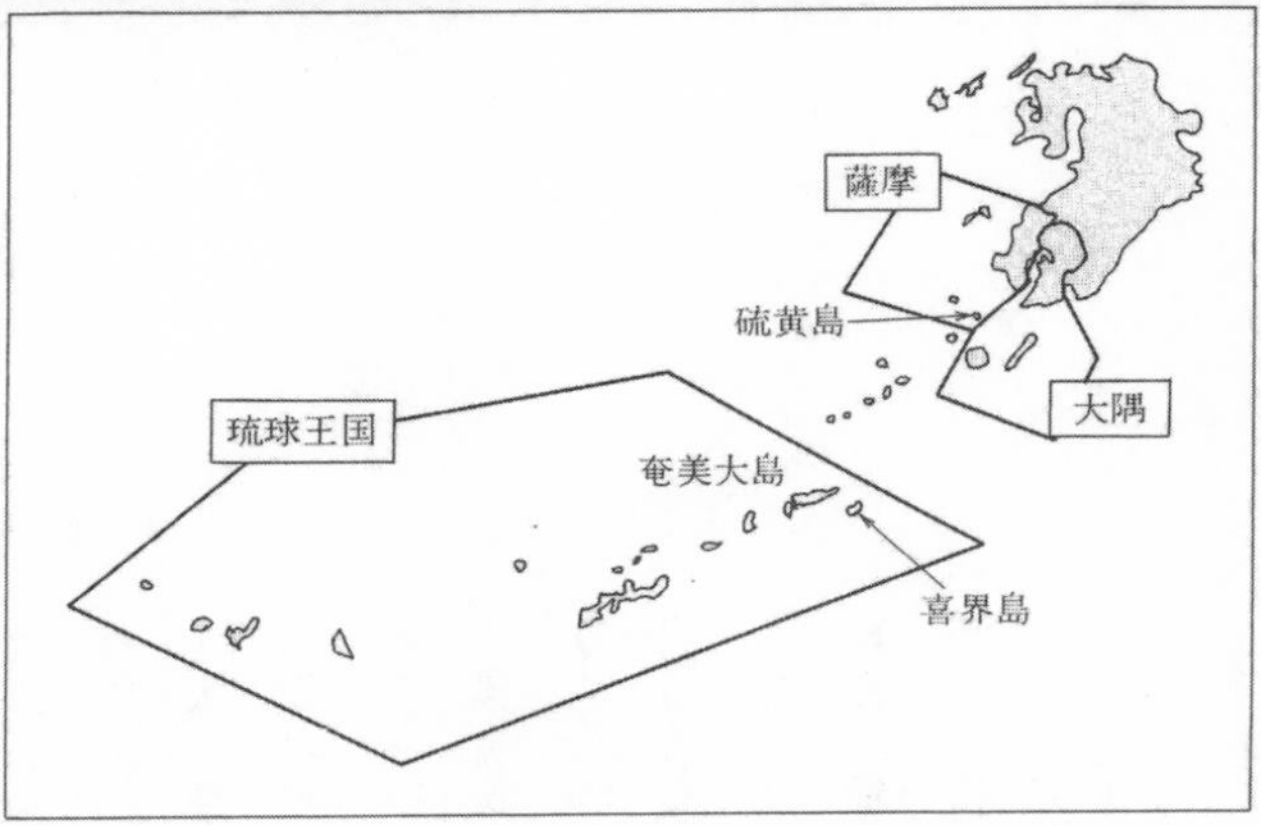

中世の硫黄島と喜界島の勢力圏

た俊寛の御霊《みたま》は八〇〇年の後に故郷の地でようやく供養された。また一九八六年には同じ像が喜界島にもよみがえった。

喜界島では、一九七五年一〇月に俊寛の墓といいつたえがある墓石の下より身長一五七センチの成人の遺体が出土した。この人骨の鑑定と埋葬の仕方などから、明らかに中世の貴人であるとされ、「確率九五％」の評価を得ている。

いままで俊寛の流された地は喜界島説と硫黄島の両説があった。『平家物語』長門本には、「鬼界は十二の島なれば、口《くち》五島は日本に従へり、奥七島は我朝に従はず……」と島名をあげ、南島の総称としている。硫黄島には、後醍醐帝の討幕の企てに連座した東寺長者の文観僧正が一三三〇（元徳二）年にも配流され、江戸期には藤原頼国が硫黄島配流と決まったが、島津氏のとりなしで甑島に移された。

喜界島に多くの流人が流されるようになったのは江戸時代以降である。平安時代末期、わが国の勢力範囲は、せいぜいトカラ列島あたりまでで、はっきりしていない。硫黄島は、薩摩国の内にある。喜界島はその範囲外にあり、一三世紀の中頃以後は「那覇《なは》ん世《ゆ》」とよばれる、琉球王国勢力下の長い時代を経て、一七世紀初頭、薩摩藩に征服され、「大和《やま》ん世《ゆ》」を迎える。それまで奄美諸島はわが国にとって異域であった。異域の喜界島か、わが国の勢力範囲内の辺境である硫黄島か、清盛の憎しみの深さをおしはかれない今となっては、二つの島をめぐる謎は深まるばかりである。

俊寛僧都は『平家物語』の前段に悲劇の主人公として登場して、その哀れさから多くの文学作品に取り入れられた。能の「鬼界島」、近松門左衛門の浄瑠璃「平家女護島」などがある。

鬼界ヶ島に都から赦免使がみえ、康頼・成経の二人だけが許され舟にのせられる。俊寛は自分の名が赦免状になく何かのまちがいかと怪しむが乗船の許しがなく、舟ばたにとりすがる。

「さていかにをの〳〵、俊寛をば遂に捨《すて》ては給ふか。是程とこそおもはざりつれ、日比《ひごろ》の情も今は何ならず。ただ理をまげてのせ給へ。せめては九国の地まで」

と狂気のごとくしがみつき、身もだえし、遠ざかる舟を見送る俊寛であった。

「島のなかにはたかき山あり、とこしなへに火もゆ、硫黄という物みちみてり、かるがゆへに硫黄が島とも名付けたり」という島のさまは今も変わらない。硫黄島にはその俊寛伝説が多い。とり残された俊寛がなげき悲しんで足ずりしたという「足摺り石」、矢筈岳の一角に筆を投げて梵字を書いた「投筆石」、法華経を一字ずつ書いて埋めた経塚跡などである。

俊寛の死後に川原にたてた墓が大水で倒れ、打ち捨てられたままとなっていたとき、災厄がつづいた。島びとは御祈神社を建て、祀りをおこなった。旧盆の一五日夜に竹束の大タイマツと小タイマツをつくり、若者が投火を争って迎え火とするハシタマツの行事である。

菅原道真を祀る天満宮のように古来、配流され、怨みを残して死んだ者は霊が残り祟りをなすとして、それをしずめる供養や祀りがおこなわれてきた。硫黄島・黒島・竹島などの三島は、台風・干ばつ・飢饉・ねずみの害・大火・疱瘡などの悪疫にたびたびおそわれてきた。九州各地にも多くの伝説を残した俊寛のみたま送りの祭は、島の苦難の歴史の証《あか》しでもあろう。

第六章　火山灰の中の暮らし

二階堂屋敷の武家門

1　田舎郷士の農耕生活

鹿児島県では、人口の四人に一人は士族であり、その数は東北七県の士族数を上回った。これほど士族の数が多かったのは、彼らのほとんどが郷士だったからである。その郷士はどのような生活をしていたのであろうか。

薩摩藩では、外城《とじょう》郷士制度という独特の仕組みをとっていたが、藩領が一一三ほどの外城あるいは郷とよばれる行政区域に分けられていた。郷士とは、各外城に配置され、農業生産をおこないながら、軍事・行政にあずかる武士のことである。

肝付《きもつき》郡高山《こうやま》町に二階堂屋敷が残されている。この屋敷は、現在の当主から五代前の文化年間（一八一〇年ごろ）、一七〇年ほど前に建てられた二棟式寄棟《よせむね》造りで、麓《ふもと》の郷士が住んでいた典型的な家として、現在は国指定の重要文化財となっている。

二階堂屋敷は、まわりに玉石で土手を築き、イラサ竹をめぐらせ

竹のひさしに竹のといがめぐらされている

生垣としている。門構えはカヤぶきの屋根門が武家としての格式を備えており、玄関につくまではまっすぐ行けないように障害が置いてある。屋敷は二棟造りで、オモテ(母屋)とナカエに分かれており、オモテはふだん使われておらず、玄関を通す客人のもてなしやハレの儀式の場に使われるだけである。

「オモテ」も「ナカエ」もカヤぶきであるが、シモト竹でカヤをしめつけ、「オモテ」のひさしは竹を組んで竹の樋《とい》に雨を受けるようにつくられている。屋根門、「オモテ」、「ナカエ」ともに棟飾りに竹を使い格式を感じさせるが、家のつくりは農業生産に向いた機能的な配置をしている。

屋敷には菜園・茶園・釜屋などがあり、すべて自給できるようになっている。米は自給できない物の購入にあて、殆ど自分たちで消費していない。木綿・麻なども織り、染めをしてふだん着を仕立てるという徹底した自給自足の生活が郷でおこなわれている。

ここには屋敷内に墓地があり、ウッガンサーといわれる家内神の氏神が祀られている。まだ菩提寺の制度ができる前から高山の地に

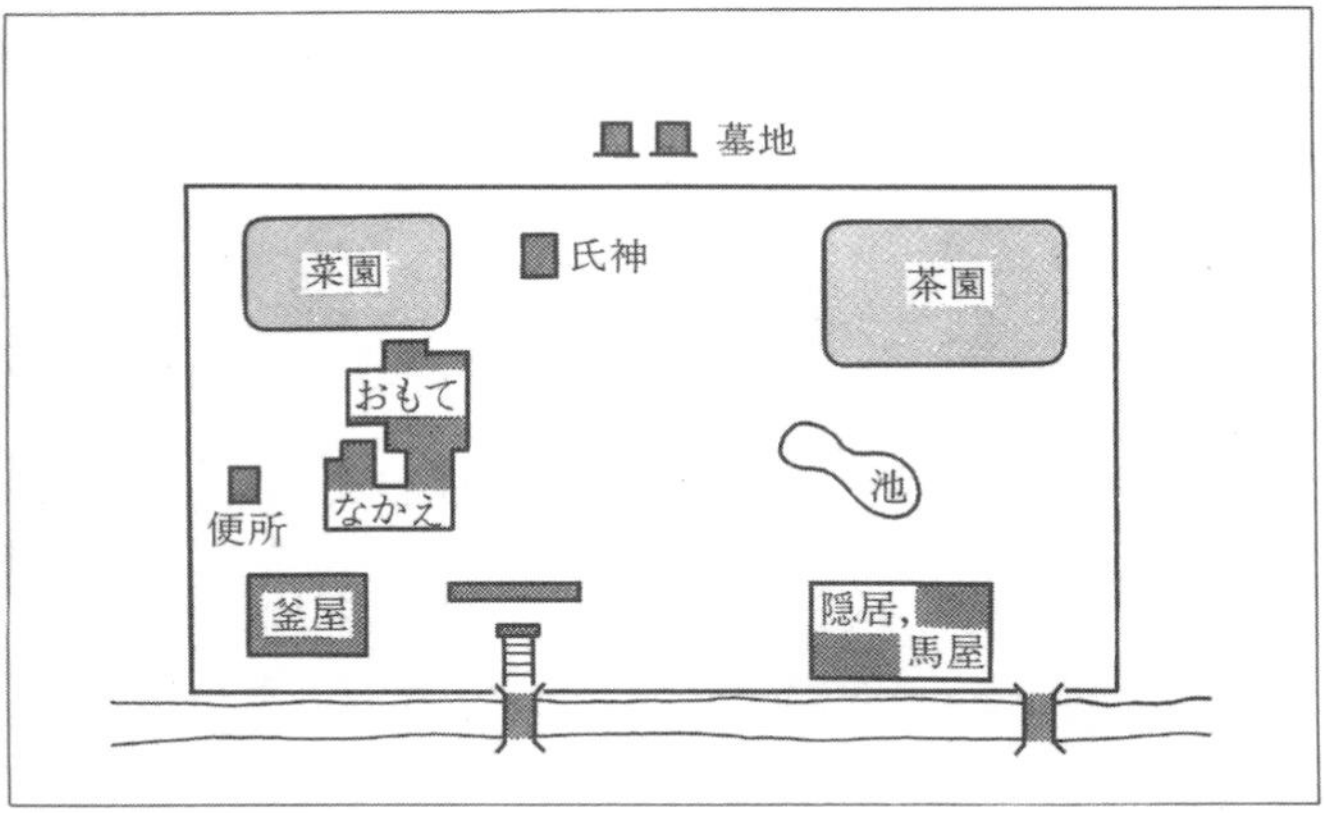

二階堂屋敷の配置図

家を構えていたことがわかる。氏神は、分家したあとも七代がすぎないと分けてもらえないために、氏神をもつ屋敷は相当に由緒が古い家柄である。

二階堂氏は、相模国鎌倉の二階堂の出身で、島津氏が薩摩国の守護職に補任されてしばらく後に、阿多郡の地頭職に任ぜられ、一二九三（正応六）年初代の二階堂泰行が下向している。その後島津氏の被官となったが、天正年間の行盛の代に、島津氏一六代大守義久によって高山に移され、二〇〇石の禄高を宛行《あてが》われた。二階堂氏は、島津日新斎《じっしんさい》忠良の三州統一に続き、九州征覇、朝鮮出兵などに活躍した。

屋敷の中でも家族はふだんナカエで生活しており、囲炉裏《いろり》（ユルイ）を切った一二畳半の間が中心であった。囲炉裏は主人の座るヨコザ、主婦の座るチャノザ、客人の座るキャッノザがあり、土間の方はトッジィとよばれ、薪を入れる所が障子で仕切られている。この土間は、使用される農民やデカン・メロとよばれる下男・下女がきて主人のさしずをうける場所でもあった。

囲炉裏の上の高い天井には竹がさし渡してあり、その上にカマスが乗せられ、食料品が乾燥保存されている。オモテの家屋は一段高く床がつくられ、ナカエとの間はゆるい傾斜がついたテノマとよばれる竹でつなぎがされている。

この屋敷は四〇〇年の家格を誇る上級郷士の家であるが、在方《ざいかた》の郷士のほとんどは禄がなく、ふだんは自作にたよる農業に従事していた。郷士は武士の身分としては、八等級に分けられた最下級の大番より下位の大番格とされている。郷士は城下に住む城下士からは、「田舎郷士」といって低く見られたが、田舎郷士の中でも、入来《いりき》郷や藺牟田《いむた》郷などの私領《しりょう》に住む士は家中《かちゅう》と呼ばれて直轄郷の郷士から差別された。また同じ郷の中でも郷政の中心地の麓《ふもと》に住む郷士は、百姓集落である在方《ざいかた》に住む郷士のことを「カライモ郷士」とか「シックワレ郷士」とかいって差別した。麓の中でも、馬場《ばば》・筋《すじ》・栫《かこい》など住地による格式差があった。しかし、こうした外城郷士制度の下で、自給自足していた田舎郷士が明治維新のときの軍事力としてもっとも活躍したのである。

参考文献

○原口虎雄「麓と在」（ＮＨＫ鹿児島放送局編『さつま今昔』昭和五八年八月　つかさ書房）

2　サラリーマン武士の一日

鹿児島の春は早く、三月のおわりには、多賀山公園は桜が満開となり、花見客でにぎわう。多賀山はもと南北朝期に山城の東福寺城が築かれていた場所で、鹿児島城下町のおこりとなった。

東福寺城は五代島津貞久・六代氏久の四四年間つづき、室町時代に同じく山城の清水城に移り、ここを中心にして七代元久から一六三年間、今の上町《かんまち》にあたる地域が守護大名の城下町として発達した。さらに戦国時代、一五代貴久は内城《うちじろ》という平城《ひらじろ》を築き、五五年間つづいたが、貴久以降は戦いのため各地の山城にいることが多かった。

関ヶ原の合戦後、初代藩主家久は城山の麓に鶴丸城を築き、近世的城下町の建設にとりかかった。これが鹿児島城下町が南へ大きく発展する画期となった。この家久の計画は、「海からの攻撃に弱い」という父義弘の反対を押し切って実行された。城といっても天守閣を持たない屋形造りの平城であった。家久はすでに軍事的な観点からだけでなく、政治・経済の中心となる近世の城郭都市を意識していた。

城下は城を中心に東西に分けられ、上方限《ほうぎり》・下方限《ほうぎり》とよばれ、城の近くに藩庁の役所・倉庫などがあり武家屋敷が町わりされ、その外側に町屋がつづき、さらに周辺の農村部の近在《きんざい》二四か村をふくめて鹿児島城下を形成していた。城下の人口は文政九年（一八二六）で約六万人いたが、「町方三分、武家七分」といわれ、武家の人口も屋敷地も圧倒的に多い。町人《まちにん》は上町六町、下町一二町、西田町三町からなる城下三町に住んでいた。

この鹿児島城下に住む武士は城下士といわれて、地方在住の郷士と区別された。城下士はまた上士《じょうし》と下士《かし》とに大別されるが、その家格に八等級あった。トップの「一門《いちもん》」は、加治木・重富・垂水《たるみず》・今和泉の四家、その下が「一所持《いっしょもち》」という一つの郷の領主クラスで、都城・宮之城・種子島など一七家、それに準ずるのが「一所持格」で四一家、「寄合《よりあい》」が五四家、「寄合並《なみ》」が一〇家、ここまでが上士である。下士は、小番《こばん》七六〇家、新番二四家、御小姓組《おこしょうぐみ》または大番《おおばん》ともいう家格に三〇九四家があった。地方の郷士は大番格といって大番の下に格付けされた。郷士の場合、禄高も四石以下か無禄で、自活している者が多かった。

郷士に対して城下士の一般的生活を、小番の家格の名越《なごや》家をモデルにみてみよう。小番は他藩の馬廻り役に相当し、騎馬衆であるから城下家臣団の中核的存在といってよい。名越家の屋敷は、上方限《かみほうぎり》の清水馬場《ばば》にあった。馬場とは、武家屋敷の広い通りのことである。清水馬場には上流・中流クラスの家が多い。下方限《しもほうぎり》の加治屋町は、西郷・大久保家など最下級の御小姓組の屋敷地であった。

名越家の由来は異色である。もとは江戸高輪で代々豆腐屋をしていたが、島津家の側室となった名越恒渡の妹の産んだ男子が第三代藩主綱貴となった。このため兄の恒渡は、島津家の家臣にとりたてられ、寄合で家老格に列せられた。恒渡の弟の高豊も一七〇七(宝永四)年小番の家格で、家禄一五〇石を与えられ、鹿児島城下に引越してきた。ところが小番の名越家は、二代・三代をへて四代盛発が鮫島家から養子入りしたときは、相当家運が傾いており、禄高と居宅一切を失っていた。薩摩藩では禄高の売買が公認されていたので禄高の変動や屋敷地の異動がはげしい。四代の盛発は、鮫島家から持参した三〇石を基礎にして、家運をおこした中興の祖である。一八一一(文化八)年には、一六八坪の屋敷を坂元家から譲り受けた。

次の五代高房は、横目役についていたが、一八一六(文化一三)年から、長崎詰となり蔵屋敷の監察などにあたった。ところが長崎在任中、何かと出費がかさんだようで、再び家計が苦しくなった。大体、城下士にとって江戸・大坂・京都・長崎などの勤務は、藩から十分な手当が支給されないので歓迎すべきものではなかった。ただ一つの例外は、琉球勤務である。これには相当の役得があった。鹿児島城下のたいていの家は、琉球勤務で潤っている。私貿易をおこなっていたからであろう。名越家でも長年琉球への転勤願いを出していたが、一八二三（文政六）年やっと聞き届けられ琉球詰めとなった。琉球といっても奄美のことである。約二年の島での勤務を終えて鹿児島に帰ったときの同家の収支計算によると、銭四五〇〇貫文余の純益があった。持高一石が銭二〇貫文、屋敷三〇〇坪が銭一三〇貫五〇〇文ほどで買えた時代である。苦しかった家計も挽回し、さらに新たに屋敷地や禄高も買うことができた。

六代彦太夫高温《たかはる》の代には、二一九坪と買増した添地あわせて三三九坪あり、禄高も幕末には、四〇〇石近くになった。同じ屋敷内に家来の黒木家と川村家を含めて三世帯が住んでいる。

名越彦太夫は、順調に昇進してお側役までなった。お側役とは殿様と家老との取次役である。家禄とは別に、お役料高として九〇石も支給される。お側役の鶴丸城への登城は朝一〇時頃、馬に乗り、槍持・若党・小者《こもの》を引きつれている。鶴丸城への道すじには、一門《いちもん》の重富家島津山城の屋敷四三〇〇坪や同じく一門今和泉家島津安芸の屋敷四六〇〇坪という大身の屋敷がある。

鶴丸城の本丸の各部屋は機能的には、一、儀式関係、二、役所関係、三、藩主居所、四、大奥関係の四つに分けられる。正門に近い対面所は儀式用、書院は殿様のくつろぐ所である。役人達は、通常北御門から役所にはいる。城内では、伺《うかがい》書《がき》や願書に目を通し、意見を付して次に回す。自宅に持ち帰って執務することも多かった。いわゆる文書行政というのは江戸時代からはじまり、役人はぼう大な書類の処理に追われるようになった。重要事項の決定は、合議制が原則であり、悪くいえば責任の所在が明確ではない。

このころは、一日三度の食事をとる習慣となっていたので、弁当を持参した。午後四時頃は下城している。夜は来客が多く、酒宴も催されたことであろう。こうしてみると城下士の生活は、現代サラリーマンの生活と大差が無いようである。ただ最下級の御小姓組の家は、役職につけないことが多く生活がさらに苦しかった。たいていは西田村や吉野村などの近在でカライモをつくったり、あるいは、鳥籠・箸・傘・草牟田櫛・金助まりなどを作って生活をたてなければならなかった。

藩の財政にとって奄美の黒糖がドル箱であったように、実はこのような薄給の城下士の家にとって奄美・琉球勤めは、大きなカンフル剤となった。当時はもちろん単身赴任であるから、本土の役人はほとんど島妻をもった。彼女たちは単に身のまわりの世話役だけでなく、いわば彼らがおこなう商売のパートナーでもあった。南の島々に依存する鹿児島の経済構造の根は、江戸時代につくられたといってよい。

3 士族生活に困窮す

山下町の旧米蔵跡に一八八〇（明治一三）年鹿児島授産場が開業した。いまの鹿児島市役所旧館の地である。ここでは、紙・筆・マッチ・そうめん・傘・櫛・足袋・縄などがつくられ、裁縫・織物・竹細工がおこなわれていた。これらは、幕末からつづいている士族の内職の延長であり、とうてい産業といえるものではなかった。

明治維新後におこなわれた廃藩置県、秩禄処分などにより、たよりとなる俸禄を失ってしまった全国の士族たちの不満は大きかった。鹿児島にあった西郷隆盛や大山綱良県令は、なるべく旧藩体制を残し、士族の没落をくいとめようとしていた。このため「薩摩だけは政府の令に従わず、まるで封建独立国のようだ」と非難され、中央にある大久保利通は苦境に立たされた。一八七七（明治一〇）年新政府の改革が鹿児島県に及ぼうとしたとき、西南戦争がおこった。

西郷軍の熊本敗退後の五月と、城山籠城の九月の二回にわたって鹿児島城下は戦場となり、市街地の九五パーセントが焼土となった。多くの士族が死に、家財産を失い、城下五〇〇〇戸の士族が乞食のような暮らしに陥った。

当時の資料には、「寒冷の候、襤褸《ぼろ》をまとうのみにして、実に惘然見るに忍びざるの者夥多あり、……不良の作業を為すのみならず、或は妻女は謂うに忍びざる所業を為し糊口する者も少なからず、或は売奴に等しき事もなきにしもあらず」とその困窮ぶりをのべて授産の必要性を県令に訴えている。城下の遺族は田舎の郷士のように農業もできず、路頭に迷っていた。そうした婦女子にとりあえず仕事を与える目的で設立されたのが鹿児島授産場であった。国からは勧業資金名義の一〇万円が無利息で貸下げられた。初年度の従業者七五七人のうち五七七人が女子で、はじめ雑多な日用品ばかりつくっていた。

鹿児島授産場が事業の体裁を整えるようになるには時間がかかった。まず一八八一（明治一四）年に織物・裁縫・製糸・製筆の四種目に整理され、さらに一八八四年、薩摩絣りと巻きタバコの二部門にしぼられた。鹿児島県には染料となる山藍が豊富であり、また全国的に優秀な葉タバコの産地であったので、その特色を生かそうというのであった。

一八八五年には、鹿児島授産場より先にできていた県営織物授産場が薩摩絣り部門に合併され、また蚕糸講習所も新設され、鹿児島授産場は、①巻きタバ

鹿児島専売局の口付紙巻タバコのふくろ詰作業

コ部門　②織物部門　③蚕糸講習所で構成されるようになった。この時から授産場の本格的営業が始まった。

一八九〇（明治二三）年経営が安定したので民営に移管され、ついで一九〇二（明治三五）年県下全士族の戸主四六六七二名を株式社員とする社団法人「鹿児島県授産社」となった。

巻きタバコ部門は一九〇四（明治三七）年に国の専売とされ、工場と社員はそのまま専売局にひきつがれ、事業は日本たばこ産業株式会社の今日まで繁栄している。

蚕糸講習所の生糸生産は一八八五（明治一八）年開設当初の四五〇斤から一九一九（大正八）年には二八〇〇〇斤に伸びている。これは一九二〇（大正九）年薩摩製糸株式会社に吸収されたが、県下蚕糸業の指導的な機関であった。

織物部門は、一九〇五（明治三八）年下荒田の武之橋右岸に新工場をつくり、薩摩絣・薩摩縞など織物業を中心に、漁網や軍隊用手袋もつくっていた。明治末期の下荒田の工場では電力応用力織機一一一台、工女四〇〇人がいた。

鹿児島県授産場は一九二〇（大正九）年に地場産業の第一線から退いて後は失対事業として昭和の代までつづけられたが、県下産業のリーダーの役割をはたした。

西南戦争のあと、明治政府による士族授産は、殖産興業的性格をそなえて本格化する。政府は、一八七九（明治一二）年から一一年間に全国に士族授産のため貸付交付金五二五万円を直接支出している。なかでも鹿児島県には全国の五分の一にあたる一〇〇万円の交付金が渡され、多くの事業がおこなわれた。

その主なものは、織物授産場・農事社・産馬会社・鹿児島授産場・桑原組・馬毛島牧羊組・都城製茶会社・製糖社・口之永良部島牧羊社・佐土原士族授産・一農社・薩摩製糖組・鹿児島県蚕糸講習所・授産会社・乗馬飼育会社・鹿児島県蚕糖授産資金・種畜会社・製糸協同組などがあった。

このうち織物授産場・鹿児島授産場・蚕糸講習所などは県営ではじめられたが、ほとんどが国の補助を受けた民営であった。しかし県営の事業を除いては、「士族の商法」そのままに、ほとんどの事業が倒産している。西南戦争後のインフレーション、それにつづく松方デフレーションの激浪にたえられなかった。

こうしたなかで知識兼雄がおこした牧畜業の農事社は数少い成功例として注

鹿児島県授産社の下荒田にできた織物工場

目される。城下士であった知識は、一八六八（明治元）年には農業に転じている。以来、士族の特権を守ることに汲々としていた友人たちから絶交を申しわたされた。知識が早くから問題意識をもって産業おこしの努力をするようになったのは、海外事業にくわしい小松帯刀・大久保利通、イギリス人医者ウィリスなどの啓発による。

知識は、「鹿児島県は山ばかりで、米や粟・雑穀ばかりつくっていたのではとてもやっていけない。農業を興すには牧畜が急務だ」という考えにもとづき、一八七一（明治四）年、鹿児島近在、吉野の地に八〇〇ヘクタールの土地を払い下げてもらい、そこで乳牛を飼って乳をしぼることから第一歩を踏み出した。当時、牛乳はたいへん珍しいもので、新興企業の成長株であった。また文明開化の波にのって、スキヤキとともに東京・大阪で爆発的な人気を呼んだ。「乳母いらず」と銘うった牛乳の広告文には、「乳母を抱へ多分の給料を出し、又は其人の病疾或は性質の賢愚を選ぶべく労費を省くのみならず、成長の後も自然無病にて強壮なり」と乳幼児にすすめている。「牛の乳を飲むとツノが生える」とか「牛乳屋の荷車がとまれば、家に病人がいることを他人に知らせるようなもの」などいわれながら、一八九八(明治三一)年には鹿児島市内に二〇数軒の牛乳屋ができたという。一八七二(明治五)年一月知識は、コンデンスミルクの製造もはじめる。さらに一八七五(明治八)年には、同志の士族を集めて、農事社を設立、ミルクのほか食肉加工も計画した。農事社は、大久保利通内務卿の骨折りで、国から優秀な種畜を貸し下げてもらい、県下の家畜の改良ならびに西洋農業の振興をおこなっている。民営として順調にスタートした農事社であったが、西南戦争で壊滅的な被害をうけた。このときまでに牛一七頭・馬二頭・ロバ八頭・羊二頭いたが、ほとんどが食糧として西郷軍に奪われ、牧舎や自宅も焼失した。

こうした受難にめげず、知識は、岩村通俊県令の協力により得た授産資金一万円をもとに農事社を再興した。一八七八(明治一一)年には新たに産馬会社も設立、一八八三(明治一六)年には、サトウキビ栽培をとりいれた。この頃、牛も一四二頭に増え戦前の規模を上まわった。一八八四(明治一七)年の物価暴落、一八八七(明治二〇)年の家畜病虫害の発生などで経営難はつづくが、一九〇〇(明治三三)年六五歳で死去するまで企業家としての努力はつづけられた。そのあとを駒場農学校を卒業した息子の四郎がついだが、四郎は一九〇六(明治三九)

知識兼雄「鹿児島県畜産史」より

年精神病者に殺されるという不幸にあい、農事社は閉鎖された。しかし、今日の畜産王国鹿児島県の先駆けとして知識の果たした役割は大きい。

他の民営事業が明治二〇年代で消えていくなかでなぜ農事社だけが明治末までつづいたのか。牧畜業の鹿児島県の風土との適合性、牛乳・牛肉の需要の伸びに対する見通し、ヨーロッパの先進技術の積極的導入とたゆまぬ企業努力によるところが大きい。

同じころ、同じ吉野の地で、西郷隆盛は吉野開墾社をつくり、私学校の生徒たちに米・粟・カライモづくりを指導している。西郷の吉野開墾社は新しい産業おこしのためというより、士族たちに自活のための農業をすすめたものだった。これより先、一八六八(明治元)年士族の特権を顧みずたった一人の転農にふみきった知識は、そのときまさに先見性に富む企業家の姿をもっていた。

当時ドイツから輸入した機関車

4　南薩線開通

一九一四（大正三）年四月一日、鹿児島新聞は南薩線が伊集院から伊作まで開通したことについて次のように報じている。

今や南薩線が一部竣工して開業を見るは、確かに南薩の福祉のみならず、また実に社会人文のために祝福せざるを得ず、……沿線は伊集院、日置、吉利、永吉、伊作等の村邑を連ね、人口の饒多にして、物質の豊富なるは驚くべし、……

南薩線は鹿児島交通線の前身であるが、開業して七〇余年がたち、地元の産業・交通に大きく貢献してきたが、先年ついに廃線となった。南薩は藩政時代からつづく農業の先進地であったが、明治になっても交通は万之瀬川河口を利用する新川港を主体とする海上ルートにたよっていた。

鹿児島市と結ぶ道路は途中を金峰山脈に阻まれ細い山越えの道であり、明治の末期までの伊作峠は馬車がやっと通れるほどの幅しか

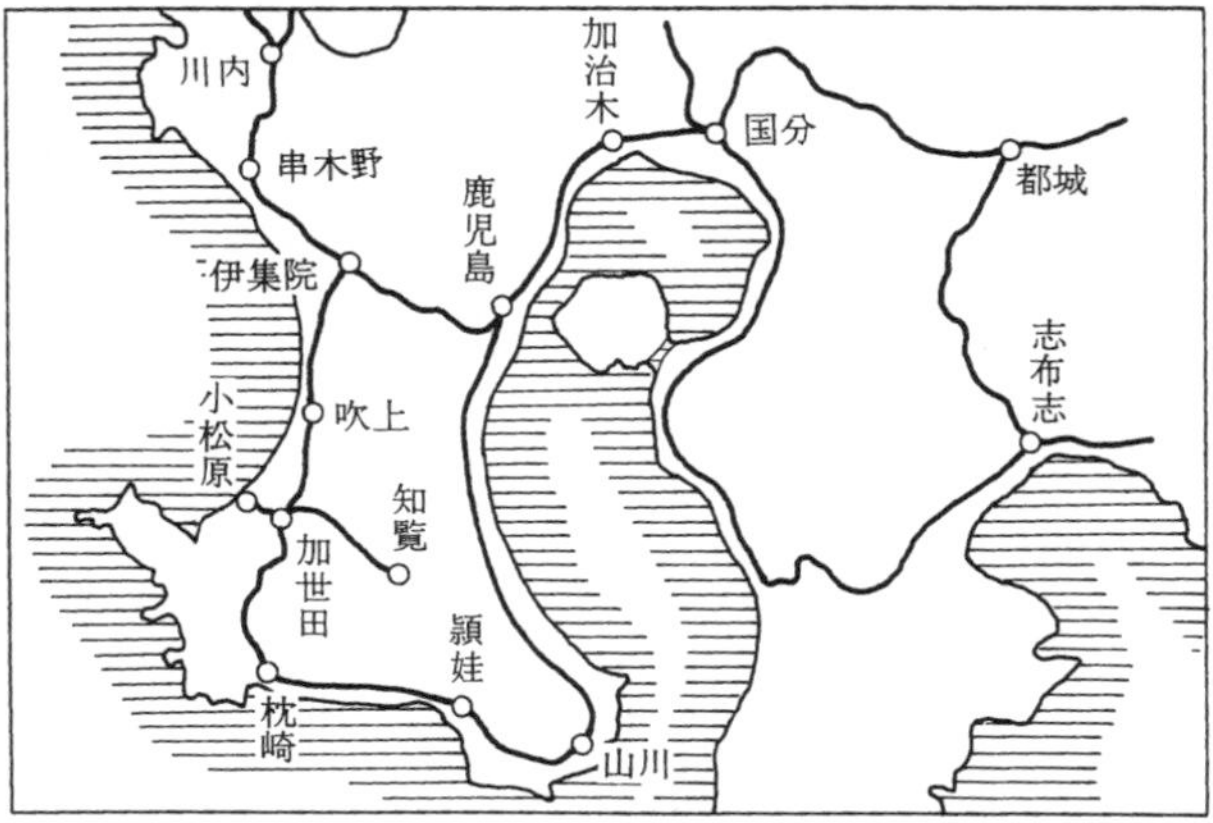

鹿児島県南部の鉄道路線

なかった。加世田からは四〇キロメートル近く、八時間もかかる行程であった。一九〇九（明治四二）年には鹿児島本線が人吉経由で鹿児島市まで、東京から一五〇〇キロメートルの鉄路で結ばれている。

こうしたときに陸上交通の流れからとり残された南薩に鉄道をひき、物産を中央市場に送り出す目的で、一九一二（明治四五）年南薩鉄道株式会社がつくられた。南薩の中心である旧加世田郷の大地主層が一〇〇万円の資本金を出し合って工事にかかり、一九一四（大正三）年四月一日には日置と伊集院の間を、五月一〇日には加世田と伊集院の間が開通し、東京・大阪と鉄道で直結することとなった。

南薩の中心地である加世田は、古くは阿多隼人の根拠地であり、中世は別府氏の居所として、また薩州島津家を経て、一五三八（天文七）年に近世島津家の祖となる日新斎《じっしんさい》忠良が加世田城を奪取し、鹿児島に移るまでは島津家の本拠地であった。藩政期も加世田郷は一貫して本家より支配を受ける直轄地とされ、周辺の中小郷の間にあって重きをなした。

加世田郷は明治初年には三万一〇〇〇余人の総人口のうち、士族

鮫島慶彦の像とその生家

五八〇〇人、平民二万五〇〇〇余人あり、麓の上級郷士は明治の地租改正後もそのまま大地主として、政治・経済の中心的な立場にいた。

南薩線開通に力を尽した鮫島慶彦は、この加世田郷に一八六五(慶応元)年に生まれている。鮫島家は麓郷士で五〇石の大高持一〇家のひとつであり、代々郷の最高職である郷士年寄役を勤めてきた門閥の家柄でありこの地方随一といわれた大地主であった。早くに東京へ遊学した鮫島慶彦は帰郷後は県会議員・国会議員と政治の道を歩んだが、一九一二年には南薩鉄道株式会社を創設し、代議士を辞している。さらに万之瀬川水力発電株式会社をつくり、南薩の近代化に情熱を注いだ。

南薩鉄道の開通は、沿線一帯の農林水産物をつぎつぎと中央市場に送り出し、焼酎や日置瓦などの地場産業も発展してきた。加世田鎌をはじめとする農具、機械類、鉄工場の原料輸送も鉄道をたよるようになった。明治期には加世田の新川港につづく浦町(万世町)は二五〇にのぼる商家を数え、海産物・呉服・原料鉄・薬など荷上げされ、県内でも一、二を争う港町であった。しかし南薩鉄道の開通により港の船積みは少なくなり、町の中心部もしだいに駅よりにかわっていった。いまも加世田市小松原には当時栄えた商店や豪商の蔵屋敷跡をみることができる。

海上交通に代わって沿線地域の発展に力を尽してきた南薩線は、その役割を終えた。

鉄道にたより、鉄道と共に生きてきた沿線の多くの人たちが、その廃止を惜しみ、存続させるために運動をして訴えてきた。この中から再び先見性にみちた試みが生まれることを期待したい。

5　カライモ経済学

遠くに開聞岳をみる薩摩半島の南端・頴娃《えい》町はカライモ（サツマイモ）の作付面積一〇〇〇ヘクタールという日本一のイモどころである。県内ではカライモは二百億円作物といわれ、農産物の売上げ順位も、米・蔬菜・カライモ・葉タバコ・サトウキビとなっている。ここで栽培されているコガネセンガンという品種は、デンプンをとって、あとは焼酎や菓子の原料となる。しかしカライモは明治時代まで鹿児島では主食となっていた。

山川町の徳光《とっこう》神社は別名カライモ神社ともよばれており、琉球から薩摩半島にカライモをもって来て普及させた前田利右衛門を祀っている。薩摩藩の台所を支える農産物の米・黒砂糖・ハゼロウなどの生産性をあげるために、縁の下の力もち的な存在だったのがこのカライモである。

前田利右衛門は山川郷岡児ケ水（おかちょがみず）の漁師であったが、琉球へわたったときに、栽培されていたカライモを鉢植えにしてもち帰った。一七〇五（宝永二）年のことである。シラス台地で土壌がやせており、ヒエ・粟・麦・サトイモなどしかつくれず、風水害の多かったこの地に伝来したカライモはたちまちのうちに栽培地が広がり、享保年間よりは藩も植付けを奨励した。江戸中期以降には、カライモが栽培できる山間の荒地や浦の傾斜地といった領内のすみずみまで作物面積が広がっていき、カライモは南九州の武士や農民の食料としての王座をしめるようになった。カライモのおかげで享保の大飢饉・天明の飢饉にも耐えることができた。青木昆陽が薩摩よりこのカライモを取り寄せ小石川薬園に栽培して、カライモは爆発的に全国に広まった。薩摩でカライモと呼ばれた甘藷は、こうしてサツマイモと呼ばれるようになった。しかし元来、南アメリカ原産でルソン・中国南部へと根づいた甘藷は寒地に弱く北限があり、東北地方までは飢饉から救うことができなかった。

前田利右衛門の功績は、カライモを南九州に導入した点にだけあるのではない。未知数の新作物を栽培するという冒険をしようとしない保守的な農民に、カライモの利点を説いてまわり、普及させたことが最大の功績である。一六九八(元禄一一)年、琉球国の尚貞王からカライモの苗を贈られた種子島久基も殿様として種子島の領民にカライモを奨励したが、前田利右衛門は一介の漁師にすぎなかった。利右衛門は一七一九(享保四)年に山川の沖合いで暴風雨にあい遭難死したが、地元では救民の宝をもたらした彼の徳を讃え、徳光神社を建立した。こうして利右衛門は「玉蔓大御食持命《たまかずらおおみけもちのみこと》」という神様となったが、普通には「甘藷翁」つまりカライモオンジョといわれている。毎年一〇月にはカライモ祭りが催され、収穫を感謝してカライモが奉納される。

江戸中期には崩れかかっていた藩体制が、幕末には全国一の富強藩となったのはカライモ経済に支えられていたからである。

台風の常襲地帯であった薩摩藩では、門割《かどわり》制度という独特の農政のしくみをとっていた。これは、村の総有である田畑を門《かど》という百姓の単位ごとにほぼ等分に割りつけて強制的に耕作させるしくみである。耕地は数年ごとに割りかえられるので門割制度といった。薩摩藩の行政区域には、一一三ほどの郷あるいは外城があり、各郷にはいくつかの村があり、村がまたいくつかの方限《ほうぎり》に分けられていた。その方限の下に門《かど》とよばれる百姓の生産共同体があった。門には名頭《みょうず》といわれる家が一戸あり、名頭にしたがう名子《なご》の家が二～三戸あるのがふつうであったが、耕地に対して百姓の少ない日向・大隅地方では、名子の家を欠く場合もある。門ごとに配当される耕地である門高《かどだか》は、平均二〇石から四〇石であった。たとえば四〇石の門高をもつ門が四家で構成されているとすると、名頭の家がいくぶん多くの配当を受けるが、ほぼ一〇石ずつの田畑を配当されると考えればよい。この場合、百姓はあちこちに少しずつ田畑を配当された。零細錯圃《さくほ》制という。しかもこの零細な耕地は数年ごとにくじ引きなどの方法により割りかえられる。そのため百姓の土地に対する私有観念が育ちにくく、土地を大事にしないという弊害が生じた。割り当てられた期間にできるだけ多くの収穫をあげようとすると結果として地力をだめにしてしまう。ではなぜそのような制度を施行したかというと、南九州は台風常襲地帯である上に、火山灰特殊土壌におおわれており農業生産力が低い。百姓が耕地をひとまとめにもっていれば合理的なようだが台風で全滅する危険性も高い。百姓の家が潰《つぶ》れてしまっては、領主としても次の年から年貢が取れなくて困る。つまり門割制度は、災害を均分するという防災営農上の目的と年貢徴収の安定化という徴税上の便宜により施行されたものであった。

武士である郷士の厳しい監視と強力な指導のもとに百姓は門の田畑を耕作し、九割前後の年貢米を収奪された。その責任者が門の名頭である。百姓の手元にわずかの米が残ったとしても、それは生活必需品調達のための貴重な商品であり、自分たちで食べることはまれであった。米を食べるのは葬式のときぐらいというのが、ごくふつうの食生活で、郷士たちも同様であった。吉利郷《よしとし》（いまの日吉《ひよし》町）に残る常食表をみると、幕末の一八六〇（万延元）年には、主食はカライモ五割、粟三割、麦・ソバ一割、残りが米という割合であった。一八八〇（明治一三）年には米が三割にふえて、カライモが三割となっている。

同じように奄美諸島にサトウキビが入ってきて、黒糖が生産されるようになると、住民はカライモで生き、激しい労働と貧乏な暮らしに追いやられていった。

こうした苛烈な収奪ができたのは、百姓たちが門地の田畑以外に山の傾斜地や砂地をきり開いて自分たちのためにカライモを収穫して生活できたからである。カライモのおかげで百姓は餓死からまぬがれたが、カライモのために厳しい収奪をうけねばならなかった。

6　芋にがらんつ

「魚は買はんじゃッたとヤ？」食事の際、主人のどなるのが聞こえる。

「銭《ぜに》が、も無かチぎやしたオ」とコライ君の声。

「麦ででん、買《こ》えば善《よ》かとヨ。」

「麦も今年ヤ多《う》かごわはんこて。」

「ナランねエ、年中、だっきゅばっかい、キス嚙ませッ、飯も何イも美味《うん》めもんか！」

我は下男下女一人ずつ傭い、牛馬各一頭を飼い、母と二人の共和にて田畑合せて一町五反程を耕作するお百姓也。（『作人五郎日記』より）

これは明治四〇年代に鹿児島新聞に連載した重永義栄の小説の冒頭である。入来《いりき》村の農民の生活を薩摩方言で描いており、一九一二（大正元）年に単行本として刊行されると、県内の大ベストセラーとなった。

重永義栄は早く父親を失い、中学三年のとき病気で退学し、独学で裁判所書記登用試験、弁護士予備試験などに合格し、二八歳で村会議員となり、苦しい生活のなかで妹二人を鹿児島の女学校に学ばせ、随筆や郷土色ゆたかな日誌が縁となって新聞社に採用される。一九二一（大正一〇）年四二歳で弁護士試験に合格し、鹿児島市で開業した。作家として漢詩人として活躍し、紫雲山人の号で南日本新聞の薩摩狂句の選者もつづけた。『作人五郎《さつにんごろ》日記』についで『下駄一代記』『何々の記』『妻ノロジー』と刊行し、薩摩文壇に偉彩を放った。

「作人五郎《さつにんごろ》」とは「お百姓さん」といった意味あいであるが、五郎は接尾語として使われ、あまり良いときには使われていない。朝寝ゴロ・喧嘩シゴロ・焼酎飲ンゴロ・イヤシゴロなどと出てくる。ともあれ「作人五郎」の暮らしぶりを見てみよう。


晴れたり、にせ、かか、めろは下水流《しもつる》用水の堰《いで》に行く、今日は「あがり堰」なり、大豆を煮しめ、芋酒と添えて持たせてやる。

居残りし母とわれとは、庭に蓆《むしろ》広げて、昨日の麦を乾しなどす。

昼前、飛魚売り来る、麦一升と二尾とを交易す。

ひる過、瞽女《こぜ》来り、だみ声を張上げて「春は花いざ見にごんせ……」など謳《うた》う。白米一握みをやる。

何処よりともなく、靄《もや》を破りて節面白きうたきこゆ、

「朝は麦の飯　昼はその残り、晩ナ小麦団子茶の子まで」

夕方、空もよう変り、雨二三滴ぽつりぽつりと来るに驚き、大急ぎに、川堤《どて》に残しある麦から焼きに行く。「焼いて可《い》けぬ、堆肥《たいひ》にしろ」とかつて農会の御役人の説法は聞き居れど、そうは手の届くものにあらず「すればよかこた」知り居れど、「しださんで」、困る也。

農家の作業は百姓ひまなしといわれ、薪とり・糸巻き・木綿織り・ワラすぐり・ムシロ織りがふだんあり、収穫期には稲刈り・稲ほし・稲こき・稲すり・俵づめ・粟つきとつづく、「朝に星を載き、夕に月光《かげ》を踏む」といわれる労働の連続であった。ここに出てくるニセ・メロは下男と下女のことで、明治中期ごろに入来村内には奉公に来たニセ・メロが三〇〇人ほどいたという。主家の一員として起居をともにして、盆など年間に数日の休みの他は昼夜の別なく働かされた。

ながい労働時間のため、農家の食事はアサメシ・ヒルメシ（チュハン）・バンメシの間に軽い食事をとった。チャノコ（茶の子）は朝食まえの軽い食事で前夜の残り飯に茶かけして食べた。茶上りを二回入れると合計六度の食事となる。

重永家を訪れたときに当時のごくふつうの食事をつくっていただいた。献立は、粟ご飯、トイモガラの入ったミソ汁、高菜の漬物、ガランツとよぶイワシの干物である。粟ご飯はカライモが入っている。ミソ汁はトイモやナスビといった季節のものが入る。干しイワシはごちそうである。そのころは魚売りが週に一、二度カゴをかついで売りにきた。ほとんど干物ばかりでブエン（無塩）といわれた鮮魚は珍重された。入来川では、コイ・フナ・ハエ・ウナギ・エビ・カニがとれ、水田のタニシやカワニナもあった。

主食は米一升に粟五、六合まぜてカライモが釜の半分ぐらい入ったもの、麦飯に冷や汁をかけたもの、カキソバに漬物だけの夕食などが大正時代までの常食であった。

田植終《しま》いのハレの食事はサナボイといってごちそうが出た。その献立は、

中皿　卵のこが焼、そまん粉の付揚各一切れ、干大根（みのぶし）昆布と焼豆腐の煮付各数片

小皿　切干大根のなます、トビ魚四半分

木皿　心太のぬた塗

木皿　ひじきのおあえにエンドウ

ハレの祝いは六月一九日のワセ植の祝、六月二九日のサナボイ、七月二日の

半夏（ハンゲ）、八月のお盆、九月の十五夜、一〇月の収穫祭となるホゼ祝いなどがあった。ホゼの料理に欠かせないのは甘酒・山コンニャク、ソバがつき、ゴック（赤飯）を炊き、魚の吸物、鶏汁がつくとこれはたいへんなごちそうとなる。『作人五郎日記』はこの後も田植えの新しい農法をのべている。鹿児島の米作は明治中期までは江戸時代と変わらぬ農法で、反収は八斗余りで全国平均の六五パーセントしかなかった。

加納久宜《ひさよし》は一八九四（明治二七）年に鹿児島県知事に着任し、一九〇〇（明治三三）年まで長期県政にたずさわり、勧業知事といわれるほど県内の産業開発につとめた。とくに稲作技術の改良をはかり、つぎつぎと新しい政策を打ちだした。その事業は、

農会規則を発布して県下の農業全般を統一して指導する農会をつくる。稲の改良品種を導入し、一八九五（明治二八）年から一八九七年までに全県下にゆきわたらせる。さらに湿田を乾田化する耕地整理と稲の正条植えを奨励した。石灰肥料の禁止と堆肥づくり、農具の改良をすすめる。米穀商組合を結成させ、米俵の統一をする。などであったが、どれひとつとっても旧弊のしみこんだ社会にあって難事業であった。

加納は札幌農学校から招いた岩崎行親（県立中学造士館館長）や、玉利喜造（のち鹿児島高農校長）などをブレーンとして、農業全般にわたって改革をすすめた。一九〇七（明治四〇）年には全県下の収穫量は一反歩あたり七五パーセントの増収となり、品質は外米以下と評されていた鹿児島米が第五位にランク付けされている。

旧弊の強い田園の日常生活にもちこまれた農業改良の気運が『作人五郎日記』にもりこまれ、お上の達しと農民の気持の落差が、小気味よい鹿児島弁の会話でつたわってくる。「すればよかこた」知りおれど、「しださんで」困るなり、となってくる訳である。

「かしき」を踏込み、「押し板」にて押し並《な》らめ、「銅線《はりがね》」を引張りて、さて植え初じむ、手付きのおかしきもあり達者なもあれど、要するに縦横通り井《せい》然《ぜん》として立派なもの也。

パナマの校長様我が持てる「銅線《はりがね》」を見て「ソラ何にすッとかい」と尋ねらる、使途代價用法等委《くは》しく聞え上ぐれば「コラ善《え》とぢゃッ」と宣《のたま》はる、校長様に講釈せしは恐らく村中にても我れ一人なるべく、低しと思ひし鼻も何となくムツ〳〵する心地しぬ。

明治三〇年ごろから県の強力な指導ではじめられた稲の「正条植え」の情景がユーモラスに描かれている。はじめは、この梅雨時《ながしどき》の忙しいときに迷惑だと反発する農民もいた。しかし、苗をまっすぐ植えるという単純な改良が除草用具の導入や、耕地整理へと発展していった。

肥料もこれまではシロカキの間に春の青草を刈って田にぶち込み、発酵を促進させるため、消石灰（金肥）を流しこむというやり方であった。魚粉・骨粉もわずかに使用された。石灰は天草より船で運ばれ、明治になって異常な石灰肥料ブームとなってきた。しかし石灰自体は肥料効果はなく、乱用すれば不毛の廃田となってしまう。

農会は堆肥づくりや化学肥料の共同購入をすすめたが、石灰肥料の禁止令で収穫量が減ったとして農民は不満をもった。『作人五郎日記』でも、

蛭多くして吸付くこと頻りなり、「石灰《イシベ》を入るれば居らんとじゃっどんから」

母は石灰禁止を恨む。

という具合であった。宮崎県では石灰禁止のため農民暴動にまで発展したという。明治三〇年代の農業改良がいかに大きな変革であったかがわかる。このときはじめて鹿児島県の技術は江戸時代の段階をこえたのである。

7　ウリと肉食

中国と南九州は、古代縄文時代の焼畑耕作の時代から同じような自然条件であり、いまなら焼酎文化圏といってもよい。南九州から江南地方は、樫《かし》・椎《しい》・楠《くす》・椿などにおおわれた照葉樹林帯で、雲南には納豆や餅まであり、食べ物も共通している。

この食べ物の共通性は、瓜をみるといちばんよくわかる。とくに糸瓜、ヘチマは鹿児島の人も沖縄の人も、中国・江南の人も、食べるものだと思っているが、熊本以北の人は化粧水か、あるいはお風呂のマッサージにしか使えないと思っている。また鹿児島ではよく苦瓜《にがごい》を食べるし、沖縄では「ゴーヤチャンプル」といって豆腐と一緒に炒めて食べる。豆腐はフィリピンでも「トフ」といっている。豚骨料理につきものの「冬瓜《とうがん》」（鹿児島でツガ）をよく食べるのも共通した食習慣である。

日本人は「穢《けがれ》」を忌み嫌う点では清潔な民族だといわれている。精進料理を食べ、明治の文明開化を迎えるまで牛を食べなかったのは、仏教の影響であるが、はたして江戸時代以前に鹿児島の住人が牛を食べなかったのだろうかという、疑問である。肉食に関するタブー観念は、南九州から中国にかけて少ないのではないか。兵児二才《へこにせ》が胆試しで犬を食ったり、処刑人の肝を取り出す「ヒエモン取り」という猛烈な話もある。

「羊頭を掲げて狗肉《くにく》を売る」という中国の諺があるように、中国では犬を食べていたが、広東ではいまでもとくに犬の料理が有名である。

鹿児島でもあるいは牛の肉も食べていたかもしれない。調理したと思われる牛の骨が鶴丸城の本丸跡から出土している。本丸には明治政府の鎮台があり、一八七三(明治六)年に焼失した。「くそちんだい」といって鹿児島の旧城下士の誰かが放火したものと思われる。その焼け跡から出てきたので、明治になって食べた可能性もあり、江戸時代に食べたという証明にはならないが、遅くとも明治初年までにはハイカラ好きな殿様が食べたのではないかと思われる。

タブーとされていても抜け道はあるもので、肉も薬として食べるのなら許された。奄美の人たちも黒砂糖をなめただけでひどい仕打ちをうけたといわれているが、薬としてほんの少しだけ食べるのであれば、見て見ぬふりをする。そのほうがかえって狡猾な支配というものであろう。奄美には昔から黒砂糖を原

鹿児島市内の長田中学に琉球館跡の碑だけが残る

料にした「蒸皮《じょうひ》餅《もち》」というお菓子もある。

犬《いぬ》公方《くぼう》といわれた五代将軍綱吉が一六八七（貞享四）年「生類憐みの令」を出したときでも、江戸時代を通じて、黒豚は南の人たちの大好物であった。漂流民ゴンザの「露日辞典」（一七三八年）には、ハムに対して塩豚という訳語があててある。薩摩の船頭の子にとって、保存食の塩豚はなじみのある食べ物であった。

また縄文の昔から鹿や猪、兎や穴熊などを食べてきた。県内に鹿児島・鹿屋・鹿籠など「鹿」という字があてられた地名が多いのは、たとえ語源でないとしても、狩猟に関わりのある風土であったことを示している。薩摩の「サツ」は狩猟、「マ」はすぐれた処という説もある。一般に南九州の人の獣肉食に関するタブー観念は薄かった。昔から奄美や沖縄では、旧正月の前になるとあちこちで豚の悲鳴が聞こえたという。年に一度、正月にそなえて各家庭で豚を殺すことが許されていた。江戸時代、鹿児島城下、いまの県庁横に琉球館があり、琉球からの役人が一五〇人ほど常駐していた。琉球館は中国の福州にもあり、琉球から二〇〇人ほどの人が渡り、そのうち一五人ぐらいは北京まで大運河を通って中国皇帝に挨拶に行った。

中国は貿易を許していなかったが、朝貢してくる藩国に対しては、宗主《そうしゅ》国として中華大国の威厳にかけて、朝貢品の何十倍ものお返しをしてくれた。それが実質的な貿易となる。福州での取り引きも活発であった。琉球王は、島津氏の家臣でありながら、外見上は中国皇帝の臣下になっていた。琉球王を継ぐときは、島津氏の承認ばかりでなく、中国皇帝の承認をうけねばならなかった。琉球王としての証《あか》しである王冠と暦は、中国皇帝から与えられる。

中国からの冊封使節は、「お冠船《かんせん》」という船に乗って琉球へやってきた。四〇〇～五〇〇人もの大勢の人が、長い場合は一〇か月も那覇市に滞在するので、その接待がたいへんであった。沖縄に古典芸能が発達したのもそのためだが、彼らは豚を一日に何頭も食べた。江南出身者が多かったのであろう。沖縄の豚だけでは足りず、薩摩藩では奄美五島を豚の飼育地とした。そのため奄美は今でも黒豚の飼育が盛んである。また、時代は新しいが、南の島では山羊もよく食べる。本土でも食べないことはないが、山羊をいちばんのごちそうとして食べるというのは、中国南部から、ベトナム・東南アジアまでの食習慣である。南九州は、瓜と黒豚と焼酎の文化圏である。

第七章　母なる奄美

1　黒糖悲話

奄美大島の北部にある笠利町は、江戸時代奄美大島の政治の中心地であった。代官所は笠利町赤木名と名瀬市との間を往復しているが、だいたい三分の二近くの期間、笠利町にあった。赤木名には本仮屋《かりや》跡や西仮屋跡など代官所があったことを示す地名が残っている。

代官は薩摩の殿様の代理人、最高責任者で一人しか派遣されない。それに付役五人と横目二人が本土からの役人である。これだけの人数で高峻な山があり陸路の発達していない広い大島を支配できるわけがない。そこで島出身の人を島の役人に取り立てた。本土とのちがいは、農民の中から役人を抜擢していることだ。本土では村長にあたる庄屋にいたるまで例外なく郷士が務めている。農民といっても、最初は琉球が奄美を支配していた頃の貴族・良人《ゆかりっちゅ》が、与人《よひと》など地方の役職についている。しかし一七世紀末の元禄の頃からはじまったサトウキビ栽培が盛んになってくると衆達《しゅうた》と呼ばれる富豪が生まれてくる。一八世紀になるとこうした衆達層を島役人にして、黒糖生産にあたらせた。衆達層の中には、黒糖献上の功により郷士格という士分なみの扱いを受ける者もいた。形の上では「島人による島人支配」であるが、島役人である与人たちは代官からの黒糖供出の割りあてに応じなければならなかった。

衆達の対極には、家人《やんちゅ》という債務奴隷がいた。年貢糖の上納に窮し、借金して身売りした農民である。家人の数は、村の人口の二～四割に達した。農民が衆達と家人という両極端に分解することは、本土の農村にはみられない現象であった。その違いが生じた理由は、サトウキビ生産と稲作生産との違いにある。

封建時代の領主は、どこでも自作農である本百姓を大切にした。本百姓が年貢を搾取する基盤だったからである。奄美では、自作農のことを「自分人《じぶんちゅ》」といっている。水田稲作を基本とする本土の農業の場合、夫婦かけむかいで子供と老人があり、そして牛馬各一頭ずつがあるという農家が、それぞれ多肥集約農法を営んだ方がたくさんの収穫を得ることができる。そのため領主は、そういう小家族の経営がつぶれないように、田畑永代売禁止や分地制限令を出して保護した。

奄美の農業の場合、黒糖の高い商品性に目をつけた薩摩藩が、サトウキビ作を強制した。「サトウキビは馬鹿だ」といわれる。植えておきさえすれば伸びる

昔の黒糖しぼりを再現する

という意味だが、水稲耕作とちがって粗放経営にも耐える。藩としては全体として黒糖がとれればよいから、零細な自分人の黒糖生産に固執せず、衆達層の大経営に依存したのである。そのほうがかえって少数の本土役人で島を支配できるし、得策であった。こうして奄美農村は衆達と家人に分解し、サトウキビ単作のモノカルチャー社会になった。

江戸時代サトウキビは本来農家を潤す作物であった。讃岐あたりでは、生産者農民が自分の手で売って裕福になっていた。ところが財政難に苦しむ藩は、島民自身に黒砂糖を売らせなかった。年貢は黒糖で納めさせ、残りがあったとしてもそれは農民の必要な生活必需品と交換させた。

当時大坂で砂糖一斤は米一升で売れたが、薩摩藩が年貢として吸いあげるときには、三合五勺に換算している。また、ふろしき一枚は黒糖二八斤という割合で、現物を支給した。それでもなお農民の手元に黒糖が残ったら羽書《はがき》という一種の流通手形を与えて、島内に一切金銭の流通を許さなかった。これが惣買入れ制という専売制の中身である。
いま奄美の島唄を耳にするとき、いかに黒糖の搾取が島民を苦しめたかを理解することができる。

参考文献

○原口虎雄「奄美大島の耕地制度と農村の両極分解」(『南島史学』第一七・一八号　昭和五六年一一月　南島史学会)
○金久好「奄美大島に於ける家人の研究」昭和三八年一一月　名瀬市史編纂委員会

2　南島雑話のふる里

名越《なごや》左源太の家格は寄合《よりあい》、上級武士である。別邸が城下のはずれ鼓川《つつみかわ》にあり、そこが島津斉興の跡目として、島津斉彬を推す過激派の謀議の場所となり、お由羅騒動に連座して、一八五〇（嘉永三）年三月から五五（安政二）年六月までの五年余、奄美大島は小宿《こしゅく》（現在名瀬市内）に流された。このとき左源太は三一歳の壮年、物頭《ものがしら》を勤めていた。物頭とは、足軽の隊長で単に武芸が達者であるだけでなく、人望の厚い者がつく役職とされていた。実際、左源太は文武両道に達し、医術にも通じ、また画もうまかった。

大島での生活も普通一般の流人とちがって、島妻をもたず、一切女色を絶ち、付近の子供たちを集めては読み書きを教え、清貧な暮らしぶりであったので、しだいに島人たちも、左源太の人徳を慕うようになった。漁師が獲れた魚をぶらさげてくれれば、左源太は喜んでそれをもらい、お返しをするという和気あいあいの関係になった。

「名越様とは音にも聞いた　会ってみたればよかご人　名越様には初めて会っ

た」と唱われるほど慕われていた。

流人でありながら、左源太は島中を歩き回っている。彼は大島滞在中に見聞したことを『南島雑話』という本にして残してくれた。『南島雑話』は、大島の天文・地理・風俗・方言・動植物・信仰・衣食住などあらゆる分野における記録スケッチであり、今日奄美研究のバイブルといわれる貴重な文献である。いま『南島雑話』をひもとくとき、左源太の旺盛な好奇心というより、島の文化に対する深い愛情を感じることができる。島の人たちの表情など遠くから距離を置いて描写したものではない。ソテツの料理法や食べ方など観察が実に細かい。西郷隆盛が気味が悪いと言った針突（ハヅキ）という手の甲の入墨も克明に美しく描かれている。

そもそも奄美は、大和文化とは異質の琉球文化圏に属している。薩摩藩が奄美を直接支配した江戸時代以前、三百四、五十年におよぶ長い期間、奄美は琉球の勢力下にあった。その時代を「那覇《なは》ん世《ゆ》」と称している。那覇ん世以前は「クバヌファユ」とか「奄美《あまん》世《ゆ》」とか呼ばれる奄美独自の原始・古代社会があったが、この間に奄美は本土とは異質の文化を育んできた。そのことに左源太はいちはやく気付き、奄美文化を吸収しようとつとめたと思われる。

異文化に接したとき、それを自分の育った環境の文化と比べて、遅れているとか野蛮であるとかの物差しで判断していない。異質な文化を、島の気候・自然地理条件・歴史過程にそくして、あるがままに理解しようとする態度である。

そのような態度を左源太がとれて、竜郷《たつごう》に流されたとき左源太より二歳年上の三三歳であった西郷がなぜとれなかったのか。西郷が竜郷から大久保あてに出した書状には、島の人をけとふ（毛唐）人とよび、女の人はハブ性で垢のけしょ（化粧）をしていると書いている。斉彬に抜擢され、若くして全国的な運動の先頭にたって得意の絶頂にあった西郷が、斉彬の死後、不本意にも孤島におしとどめられて失意のどん底にあり、自暴自棄になる心情は理解できる。西郷の非凡さは悪い役人をこらしめたという「西郷美談」にあるのではなく、三年後に沖永良部島へ流される頃には急転回して、「敬天愛人」の思想的原型を得たことにある。

一方、左源太は最下級の御小姓組の西郷より、はるかに家格が高く、経済的にも裕福である、それが島人に対する西郷とは対照的な姿勢にあらわれているのではないかとも思われる。しかし左源太は身分制の厳しい本土では物頭という武士の隊長であり、隊員に対しては厳しい評価をしなければならない立場にある。決しておおらかなだけの人物でないことは、『南島雑話』の中にうかがえる。彼はこの中で、自分と同じ環境に育った本土の人間に対しては、上・中・下・下々の序列をつけて厳しい人物評をおこなっている。

当時、本土からは、さまざまな理由で流された人が居住していた。左源太は、「子供に手習・素読を教へ、又は島人の富家の者の書状を認、……第一大酒女色放逸を慎むべし」というのを上品の流人としている。これに対して、「下流の流人、同輩の集際、焼酎をしたたかに呑、又は喧嘩する事此の如し。多く此類、流人也。ばくえき・酒乱、流人常と知るべし」というように下品の流人のほうが多いことを嘆いている。かつては立派な武士であっても「非人こつじき」となる場合もみられ、これは最も下品の流人とされている。

これほど人間にたいする評価のきびしい左源太であったが、奄美の人たちに優劣の価値判断をしていない。郷中教育は、異文化を差別することでグループ内の凝集性を高めるという原理を持っているとみられるが、その郷中教育の中で育った左源太が奄美文化に対する深い理解をしたのは皮肉である。左源太は、奄美の生活を経験してはじめて郷中の狭い世界から脱して人間的に成長したのかもしれない。まさに「母なる奄美」が西郷や左源太を育てたといえる。

3　大島航路を拓く　――浜上謙翠――

鹿児島から南へ約四〇〇キロメートル、喜界島は奄美大島のすぐ東にある。今でこそ鹿児島から飛行機で一時間ほどで着くが、藩政時代、奄美群島は本土から隔絶された社会であった。こうした奄美群島にはじめて定期航路を拓いた人が浜上謙翠《はまがみけんすい》、喜界島の生まれであった。

藩制時代の喜界島を含めた奄美群島はどんな状況であっただろうか。

薩摩藩は一六〇九年奄美群島と沖縄を征服した後、一六二三年「大島置目之《おきめの》条々《じょうじょう》」という奄美の統治方針を打ち出した。その中に「かい船造るまじきこと」という条項がある。造船禁止令である。従来、奄美の人達は沖縄と本土の間を自由に往来していたが、この規定により手足がもぎとられ、海運からしめ出された。その結果、その後の藩による砂糖専売制の実施が容易になった。砂糖の密売が防止され、藩は砂糖売買の利益を独占することができた。

一方、島民には島外からの情報は一切もたらされなくなった。そして孤立した島に多くの流人が流されてくる。幕府からの公儀《こうぎ》流人ばかりでなく、薩摩藩は実に多くの流人を島へ流している。こうした流人の中には、学識の非常に高い人が多かった。彼らが、藩の政策をめぐる党争に敗れて流された有識者であったからである。

例えば喜界島へは、実学《じつがく》崩れに連座した海老原庄蔵、近思録《きんしろく》崩れの伊地知季安、お由羅騒動の大久保利世、島津久光の怒りにふれた村田新八、それに佐土原藩の鳴之口《しぎのくち》騒動で流された内田治右衛門などいずれも錚々《そうそう》たる学者ばかりである。しかも相当の長期間流されている。

大久保利通の父の利世は小野津《おのず》に五年間、薩摩藩第一の歴史学者の伊地知季安は三年間、西南戦争で西郷隆盛とともに亡くなった村田新八は湾に二年間、小野津で内田塾を開いた内田治右衛門は、一七年後に赦されたものの島で亡くなり、長崎付人だった海老原庄蔵もバテレンの嫌疑をうけたまま、ついに本土に帰ることはなかった。実学崩れでは海老原以下一一人喜界島に流されているが、なかでも海老原は稀に見る博学の人で、常に読書にふけっていたという。この他にも豪商浜崎太平次家の店員や、島津斉彬の懐刀の一人山口定救、戊辰戦争の引き金となった江戸御用盗の指揮者である伊牟田尚平など、多くの人が喜界島に流されている。

小野津小学校に残る二人の顕彰碑

彼らは生活のために、島の子供たちを集めて読み書き・算盤などを教えはじめた。島の子供たちは上流の子弟にかぎられていたが、将来島役人となるためには読み書きの教養を身につけねばならなかったので熱心に勉強した。この点、百姓の子は百姓、役人の子は役人と決まっていた本土の場合と異なり、島の場合は、平民でも学問次第では島役人になることができた。子供たちは掃除や賄《まかな》いなど先生の身の回りの世話をしながら、読み書き・算盤以上の、先生のもつ人格から感化をうけたと思われる。奄美には本土に見られる集団教育である郷中《ごじゅう》教育はなかったが、こうしたすぐれた先生による塾教育の伝統があった。その伝統の上に浜上謙翠《はまがみけんすい》や文園彰《ふみぞのあきら》など輩出したのである。

二人の顕彰碑が、小野津小学校に並んで建っている。小野津は喜界島の東北端で源為朝ゆかりの雁股《かりまた》の泉と呼ばれる湧水のあるところで大久保利世や内田治右衛門もここに流された。浜上は一八五一年（嘉永四年）の生まれ、一九〇一年没、文園は一八八八年生まれ、一九七九年没。二人とも島の未来を海の交通整備に求めた。浜上の事業を文園が受け継いだといえる。二人が活躍したのは明治維新後であるが、奄美にとって明治維新は何らの改革にもなっていなかった。

一八七二（明治五）年に明治政府から、今後島民は自ら生産した黒砂糖を自由に売ってもよいという達示《たっし》が出されたが、その前年に鹿児島商人は大島商社を設立して島民と独占契約を結び、大蔵省達示を骨抜きにして江戸時代以来の専売制を実質的に続けたので、「黒糖地獄」といわれる島の経済状態は何ら変わることがなかった。そこで明治八年洋行帰りの丸田南里《まるたなんり》が、自由売買を求める「勝《かっ》手世《てゅ》騒動」を起こす。明治一一年大島商社の契約期間が切れ、島民はやっと黒糖を自由に売ることができるようになったが、大きな落し穴があった。これまで島民は情報を与えられないまま、大島商社のいいなりになり、金銭の意味もはっきりつかめず、商売の取り引きに不馴れであった。そこで殺到する本土商人の格好の餌食《えじき》となり、負債をふやすばかりで今度は借金地獄に苦しむことになる。

ここに明治一八年救世主のように現れたのが新納中三《にいろちゅうぞう》という大島の支庁長である。新納は、幕末の薩摩藩英国留学生の監督で渡欧し、帰国後は家老となった人である。新任の新納は、奄美糖業の不振は流通過程に問題がありと看破

浜上謙翠の肖像

し、その改革に乗り出す。しかし当時奄美の黒糖は、鹿児島の商人あるいは旧武士の特権を奪われた鹿児島士族にとって唯一の金づるであったので、新納の改革は鹿児島商人にとっては迷惑なものであった。従って新納は一年後には鹿児島商人の画策により支庁長（島司）の職を解かれることになるが、在任中新納のまいた種子が島の改革をもたらすことになった。

新納は、支庁長の一年間に、全群島から優秀な青年を集め、支庁で研修にあたらせ人材の育成につとめた。その薫陶を受けた一人が浜上であった。浜上は大島島庁では勧業課長として糖業振興に尽くしていた。一八九三年「大島郡状態書」を発表、この中で、糖業の概況と方針を示し、農家の窮状を訴えるとともに農家の奮起を促した。こうした現状分析の上に立って、計画の達成には航路問題の解決が必要なことを自覚する。定期的に本土と交流をはからなければ島の文化も経済も発展しない、というのが浜上の考えであった。そこで一八九二年島庁を退官して定期航路の開拓に乗り出す。それまでも定期航路は大阪商船があったが、月に一回の定期便しかなく、それも黒糖の積み出しが主で、島民が乗っても荷物以下の扱いであった。自由に人の往来ができないのでは、いつまでも島の文明開化は期待できない。

浜上は大阪商船に対して独自航路の開拓に奔走する。一八九四年大島興業汽船株式会社を設立、順調でない航路維持のためにつぎつぎに私財を投げうち、一九〇一年やっと政府の援助をとりつけたときには病に倒れ、帰らぬ人となった。しかし浜上のおかげで島民航路が開かれ、島の文明開化が進んだといえる。

そして航路と海に生涯をかけた浜上の遺業を継ぐものが現れた。文園彰である。浜上の努力により、奄美群島の主要な定期航路はできたものの、群島間のよりきめの細かい「裏航路」の整備は未着手のままであった。文園彰も島の振興は何よりも交通問題の解決にあると考えていた。そこでまず一九二七年小野津港の改修にとりかかる。現在の小野津港は立派な漁港だが、以前はさんご礁に囲まれてちょっとした北風でも艀《はしけ》も近よれないという状況であった。一九二九年、一年余りの苦難のすえ、長さ四五メートル、幅七メートルの桟橋が完成する。文園は潜水作業や、危険な爆破作業の陣頭に立ち、桟橋の完成にまでこぎつけた。当時の石が現在、コンクリートに固められて残っている。以後、名瀬港との定期航路が開かれ、多くの農産物が直接積み出されるようになり、名瀬の市場では小野津大根の評判が高くなった。

「船は島の道路である」という信念にもえる文園は、その後初代中之島《なかのしま》小学校校長をへて十島《としま》村の村長となり、十島航路の開拓に全力を傾ける。当時の十島村は数か月も外部との往来が途絶するといった離島苦に悩んでいた。国や県にかけあい、道路建設資金の枠から六万円の船の建造特別融資の獲得に成功。一九三三年四月、第一としま丸が就航。島民は涙を流して歓喜した。文園はもともと師範学校出で、教育者であった。文園にとって交通問題は、島にとっては教育問題でもあり、地方文化振興の問題であったのではなかろうか。

浜上も文園も多くの私財をなげうって事業をおこしたが、はじめから採算の合う経済ベースではじめたわけではない。定期交通路の開設は、そこに住んでいる人びとの心の支えであった。近年、奄美の裏航路や空の便の減便問題が論議されるが、こと離島の交通問題は、単に経済的合理性ではかたづけられないものがあることを二人の先達は訴えているかのようである。

参考文献

○『郷土の先人に学ぶ』上・下　昭和五四年三月～五五年三月　大島教育事務所
○『文園彰先生追想集』昭和五五年六月　追想集刊行会

○松下志朗『近世奄美の支配と社会』昭和五八年七月　第一書房
○浜上謙翠「大島郡状態書」(『奄美大島に於ける家人の研究』昭和三八年一一月
名瀬市史編纂委員会)

4　奄美本土復帰運動の父、泉芳朗の詩と日記発見

一九五三年一二月二五日、奄美群島が日本に復帰した。二〇万余の島民の悲願が達成された日である。復帰運動を主導したのは当時の名瀬市（現奄美市）の泉芳朗市長。詩人でもあった泉は、復帰の悲願を詩に綴り続けていた。その多くは『泉芳朗詩集』（一九五九年）に収められている。今年、甥の宏比古氏が神奈川県内の自宅にあった泉の遺稿を、NHK平田瑞季記者と私に見せてくださった。その中に多くの未発表の詩と日記があり、全国ニュースとなった。泉の復帰運動は、署名活動や断食祈願を世界世論に訴えたように、非暴力と不服従に貫かれていた。「奄美のガンジー」と呼ばれる所以である。

泉は一九〇五年、現在の伊仙町に生まれた。一九二四年に鹿児島県立第二師範学校を卒業し、大島郡赤木名小学校を振り出しに教職の道を歩み始めた。しかし詩作への思いもだしがたく、一九二八年に上京、詩文学活動へと羽ばたいた。一一年後、病のため徳之島に帰郷を余儀なくされ、小学校の教育に携わっていた。一九四六年二月に奄美群島が本土から分離され、米軍施政下になった

発見された泉芳朗の日記（泉宏比古氏提供）

五年後、奄美大島日本復帰協議会議長となった。

大学ノートに「牛歩」と題した日記は、名瀬市長になった一九五二年九月一六日から一一月一三日までの約二カ月間ある。

「牛はのろのろと歩く　牛は野でも山でも道でも川でも　自分の行きたいところへは　まっすぐに行く」

泉が一時親交のあった高村光太郎の詩「牛」の書き出しである。

この時期、奄美全島が国連の信託統治下に置かれるとか、沖永良部島と与論島が分離されて返還されるとか、さまざまな臆測が飛び交っていた。国連の信託統治になると返還には国連加盟国の多数の承認が必要で、米ソ冷戦下にあっては事実上不可能の恐れがあった。しかし高村の詩に「牛の眼は叡知《えいち》にかがやく」とあるように泉の眼は不屈の精神で輝いていた。

泉の代表作に「島」がある。

「わたしは島を愛する　黒潮に洗い流された南太平洋のこの一点の島を　一点だから淋しい　淋しいけれど　消え込んではならない」で始まり、「わたしはここに生きつがなくてはならない人間の

泉芳朗（泉宏比古氏提供）

燈台を探ねて」で終わる詩である（『詩集』一八〜二〇頁）。

自筆原稿とは表現が違っているので、刊行に当たって推敲《すいこう》したと思われる。最大の相違点は七行抜けていることである。「かつてイギリス海峡のゲルンシーで　人類の悲哀を絞り切って書き綴られたレ・ミゼラブルを　敗戦国民ビクトル・ユーゴーが　ぼろぼろの余命を託して探ねあぐんだものは何であったろうか」

復帰運動を詩によって進めた泉の詩に、圧倒的に多い言葉は「民族・歴史・世界史」である。泉は奄美が米軍施政下にある現実を、世界史の悲劇ととらえていた。

自由民権運動家の中江兆民の言葉が思い起される。「君知るや、東洋のアイルランドはいずこなりや」（一八八八年、大阪東雲新聞）。砂糖のモノカルチャー経済下に膨大な負債に苦しむ奄美の惨状と、アイルランド独立の苦難の歴史を重ねた言葉である。

遺稿には「蕃衣を着て」と題する短編小説の原稿もある。一九三〇年に日本統治時代の台湾で起こった「霧社事件」がモチーフである。なぜ泉は、台湾の先住民に対する弾圧の実情を知っていたのか?「民族詩人」「民衆詩人」にとって、芸術と生活とは切り離せないものだった。敗戦直後の詩「名瀬町風景」には、生活派の詩人泉の姿が見える。

私と奄美の関わりは、亡父虎雄が名瀬市史の編纂委員長をしていた一九六〇年代に遡る。鹿児島市上荒田町にあった我が家には奄美からの来客が絶えることなく、近所からは大島紬の機織りの音や三線の響きが聞こえてきた。大津鐵治名瀬市長は父の七高・東京帝大時代からの親友であった。大津市政は七期二八年、復帰後の経済復興が進められた。大規模な埋め立てによる市街地の拡大と港湾施設が整備された。敗戦直後の名瀬市の惨状は泉芳朗の詩がありありと伝えている。平田隆義市政は四期一六年(一九九四年~二〇〇九年)。二〇〇六年合併で奄美市が誕生した。朝山毅市政は三期一二年、市政は現在の安田宗平市長に受け継がれている。

奄美群島国立公園、世界自然遺産登録で今や奄美は世界から注目されている。今日の奄美発展の原点は初代公選市長泉芳朗氏にある。一九五四年六月に奄美群島復興特別措置法が制定され、今日の奄美群島振興開発特別措置法に繋がった。私は平成二六年(二〇一四)と令和元年(二〇一九)の二度、答申に審議会

復帰の決起大会。会場の前部を占めるのは高校生（奄美市提供）

会長として関わった。

　奄美の復帰運動史に関しては、村山家国『奄美復帰史』（一九七二年）などで知られていたが、復帰をめぐる日米外交交渉については謎のままであった。一九九一年一〇月、初めて外交文書が公開された。私は早速、外務省外交史料館の記録を閲覧したが、全郡に盛り上がった復帰運動に顧慮した交渉には思えなかった（同月末ＮＨＫ特番）。一九九三年一二月、復帰四〇周年を記念して奄美市立博物館主催の講演会があった。外交文書の公開に当たった私の兄、外務大臣官房総務課記録公開審査室の原口邦紘専門官は「信託統治の事実はなく、復帰運動で米側が（信託統治に置く提案を）躊躇した」との見解を示している。郡民九九パーセント以上の署名や断食祈願などが、交渉に影響を与えていたのである。

　二〇〇三年一二月一九日にも、復帰五〇周年の特別番組「外交文書・奄美返還の記録」が放送された。同月二五日、本土復帰五〇周年記念式典には、ＮＨＫテレビの中継で現地から喜びの声をお伝えできた。二〇二三年は、復帰七〇周年の記念すべき年である。泉芳朗の遺作が発見され、このたび刊行されることは何ものにも勝る喜びである。
本書は未来の奄美への明るい燭光になると期待する。

5　奄美・沖縄　世界自然遺産

二〇二一年七月二六日、待ちに待った「奄美大島、徳之島、沖縄北部及び西表島」の世界自然遺産登録が正式に決定した。長い道のりだった。評価の対象は「生物の多様性」だ。

奄美・琉球が日本の推薦候補地の一つに選定されたのは二〇〇三年のこと。鹿児島県は県全体の関心をたかめるため三年後の三月、鹿児島市で講演会を開いた。テーマは「奄美　世界自然遺産登録に向けて」。演者は養老孟司先生と私。会場の鹿児島市中央公民館は五〇〇人以上の聴衆で埋まった。東京大学で一〇年先輩の養老先生は、若いころ奄美大島瀬戸内町の東京大学医科学研究所に勤務されたことがあり、自他ともに認める「昆虫オタク」。

講演会当日のエピソードがある。先生の姿が城山観光ホテルから消えたのだ。実は城山は国の天然記念物に指定されている照葉樹林帯。昆虫にとって都会の中のオアシスだった。先生が部屋にじっとされているわけがない。

二〇一五年の「明治日本の産業革命遺産」の世界文化遺産登録のときは、韓国から軍艦島の朝鮮人労働に関する異議があり、ユネスコからも強制労働の実態の説明が不十分であるという意見が出され、紆余曲折して心配した。

今回の世界自然遺産登録も、二〇一七年に推薦書を提出したものの延期を勧告され、一旦取り下げとなった（二〇一八年六月）。登録のネックは、推薦地が分断されていて一体的な保全ができないこと、米軍から返還された沖縄本島の北部訓練場跡地を含んでいないこと、希少種保護、外来種対策などだった。二〇一九年二月、推薦書を修正して再提出した。しかし、新型コロナウィルスの世界的な感染拡大のため、二〇二〇年に予定されていた中国福州でのユネスコ会議自体が中止となり、二〇二一年のオンライン会議まで待たされた。

世界遺産への第一歩は、二〇一七年の奄美群島国立公園の誕生だ。この時、一九三四年の霧島国立公園の最初の指定から八三年間、国立公園指定にはなかった新しい評価基準が生また。環境文化型である。従来は景観の保全が主目的で、近年は釧路湿原のような生態系管理型も打ち出されていたが、新たに伝統的な暮らしや歴史など地域独特の文化を含めて評価するようになった。

私の一五年前の講演「魅せられて奄美」では、島言葉・島唄・大島紬・芭蕉布・島料理・黒糖焼酎などの多彩な島の魅力を語った。人間がそこで紡いだ文

アマミノクロウサギ。世界で奄美大島と徳之島だけに生息する国の特別天然記念物（勝廣光氏提供）

化と自然環境は切り離せないという考え方は世界遺産に繋がっている。生物多様性だけでなく自然と共生してきた島人（シマッチュ）の生き方が、人類にとってかけがえのない普遍的価値を持つ財産として認められたのである。

一九九三年、日本で最初に世界自然遺産に登録された屋久島も、近世以来人間が屋久杉を伐採、開発しながらも縄文杉を含む生態系全体が保全されていることが評価された。

二〇一一年から二〇二〇年は「国連生物多様性の一〇年」だった。環境省では二〇一八年に「生物多様性全国ミーティング」を鹿児島市中央公民館で開催した。市民、企業、研究者、行政など多様な関係者が一同に会し、私もパネリストとして参加した。

ちょうどこの年は明治維新一五〇年、NHK大河ドラマでは「西郷どん」が放送中だった。ドラマでも大和村の宮古崎など、奄美の新しい多様な魅力が紹介された。宮古崎はドラマのオープニング映像だった。国立公園に指定された景勝地である。大和村では、一九九七年、奄美野生生物保護センターを誘致、アマミノクロウサ

徳之島の山中、オキナワウラジロガシの板根。板状の根で巨木を支える。

ギの保護に長年取り組んでいる。

世界遺産になくて国立公園にあるもの。それは、国立公園七万ヘクタールのうち三万三〇〇〇ヘクタールの海域である。森から海への生態系の連続性に、高い学術的価値がある。例えば汽水域のマングローブや渚のサンゴ礁など。

島は地球の縮図である。ＳＤＧｓという人類の目標は、自然と共生する社会の実現にほかならない。奄美を世界のモデルにしよう。

第八章　異国文化とのふれあい

1　唐人と町づくり

近世鹿児島の城下町建設は、城山《しろやま》からはじまった。城山は中世は上山《うえやま》城といわれる山城だけだったが、関ヶ原合戦後に麓に平城《ひらじろ》が構築され、まわりに侍屋敷や港がつくられ鹿児島の城下が整備されていった。

その当時城は鶴丸城とはいわず、「鹿児島城」が正式な名称であった。城はおよそ屋形造りで天守閣をもっていない。ただその石垣だけは立派なもので、よくみるとその石垣の一部に切り込みがつくられている。中国の陰陽五行説では北東の方角は鬼の出入りする鬼門にあたり縁起が悪いとされた。そのため鶴丸城の石垣の北東の位置には魔よけの切り込みがされていた。これは日本の城郭のなかでも珍しい例である。

鹿児島に新しく城をつくるにあたっては、国分や加治木といった難攻の地勢をもつ地にするべきであるという島津義弘の強硬意見もあったが、義弘の子、家久は政治・経済の中心地として鹿児島の優位性を説いてゆずらなかった。

それには、帰化明人の黄（江夏）友賢の進言があった。この地は、風・水・土あらゆる面で、城を築くには最適の条件を備えているが、火難の相だけが残ると占った。鶴丸城は、一六〇一（慶長六）年の着工から竣工まで十数年かかった。しかし一六九六（元禄九）年大火に見舞われ、本丸は焼失した。黄友賢は、火難の相の対策として中国から「霊符尊神」をわざわざ取り寄せ、城山の中腹の霊符堂に祀った。鶴丸城は、いまの黎明館が本丸、図書館が二の丸、博物館辺りが御下《おした》屋敷、と続いていたが、家久の次の代光久は、御下屋敷に霊符尊神を持って隠居した。藩法を集めた『列朝制度』は、霊符尊神のおかげで、御下屋敷までは延焼しなかったと記している。

黄友賢は易学者であると共に医者でもある。その墓は加治木にあり、江夏の姓で子孫が残っている。湖北省江夏郡の出身地にちなんで姓をうけたのである。この時期中国は、明朝から清朝への交替期にあたり、満州族の支配を潔しとせず、南方や琉球、南九州に亡命した明人が多い。彼らとともに中国の民間信仰も伝わった。

鹿児島市内の高麗《こうらい》橋の袂《たもと》にある鹿児島民芸館の石垣に「石敢当」と彫り込まれている。鹿児島で「セッカントウ」とよばれるこの石柱は、丁字路のつきあたりによく見られ、県内だけでも二五〇基もある。これは中国の民間信仰から

石敢当はいろんな形がある
（松田誠氏撮影）

きた習俗で、災いをもち込む鬼はこの石敢当に当たって死ぬと信じられている。名の由来は災厄を退治する神に武将石敢当の名が擬せられたともいう。形も字もさまざまである。

沖縄では「イシガントゥ」と言っており、なかには石敢当の上に獅子をのせたものもある。魔除けの効力が倍加すると信じたのであろうか。福建省の甫田県には八世紀末にできたものがあるから、かなり古くからの民俗信仰であることがわかる。鹿児島市内では、由来もわからないまま石敢当を置いている家が多いが、沖縄では石敢当の既製品が今でも石材屋で売られ、不幸や交通事故などの災厄除《よ》けに置かれている。

石敢当は、沖縄・奄美諸島・南九州にくまなく分布している。たまに長崎に留学した蘭学者が青森県に持ち帰ったものもあるが、全国あちこちにあるというものではない。石敢当が切れ目なく分布する北限は、宮崎県の佐土原町までで、ここは薩摩藩の支藩佐土原藩があったところだ。

知覧町の武家屋敷を訪れると、門から直接玄関に行けない仕組みになっていて、それは、武の国の薩摩では、戦略的配置ということになっている。ところが、沖縄県の糸満辺りには、農家の門から玄関の間に屏風のような衝立《ついたて》が立っている。素材は石・板・金チク竹などさまざまで「ヒンプン」とよばれている。屏風のことを福建では「ピンフン」と発音し、江南地方にはかなり昔からある。魔除けであるのか、目隠しなのかはっきりしないが、身のまわりの習俗をたどってみると中国伝来のものが多い。

中国伝来の習俗にも、隔地間伝播したものとそうでないものとの二通りある。儒学とかキリスト教とか体系だった学問・宗教は、留学や布教により伝来するが、屏風《ひんぷん》とか石敢当などは生活上の交渉が恒常的にある処でないと簡単には伝わらない。食習慣もそうである。

「娘媽神（ろうましん）」の信仰は、中国福建の華僑が直接日本へ持ち込んだものである。「媽祖《まそ》神」ともいい、薩摩半島西南端にある野間岳の野間は、娘媽が訛ったものと付会した説がある。娘媽神は、福建省甫田県に生まれた林氏の娘が霊異をあらわし、予言をよくしたが、死後、海神の化身として航海の安全神に祀《まつ》られた。海外で広く活躍した華僑は、福建省出身者が多く、媽祖信仰が東アジア各地に伝播した。長崎の崇福寺には媽祖廟があるが、この寺は福建出身の唐人が建立したので福州寺ともいわれている。

南九州の帰化明人は、笠沙町片浦や国分市の林家、阿久根市の河南家、鹿児島市の頴《え》川・汾陽《かわみなみ》家、加治木町の江夏《こうが》家や、北は都城市の天水《てんみず》・江夏《えなつ》・清水・済陽《わたりよう》家などがあり、いずれも近世初期に移住した。鹿児島市内にある一官橋・二官橋・三官橋通りは、沈一貫・江夏二官・頴川三官の名にちなむという説と高麗人にちなむという二説がある。ボサド通りも「菩薩堂」の鹿児島訛りであるが、媽祖は菩薩の化身であるという説を『三国名勝図会』は載せている。都城の天水家では、媽祖を「ボサさん」と呼んでいる。

都城は、日向国内の薩摩藩領であるが、島津氏の一族である北郷《ほんごう》氏が代々治めていた。一五八九（天正一七）年、北郷時久のとき唐人の第一波が都城の飛地であった志布志に漂着し、都城に来た。秀吉政権によって実施された太閤検地後の所領替えにより、都城は、島津家の重臣だが秀吉に相通じる伊集院幸侃《こうがん》に与えられた。このとき祁答院《けどういん》地方に移された北郷氏は、唐人たちも連れていった。祁答院は宮之城とよばれるようになる。秀吉が亡くなると島津家久は幸侃を誅殺し、庄内の大乱を経て、北郷氏は旧領に復帰した。

都城への唐人移住の第二波は、一六四六（正保三）年のことで、何欽吉《かきんきつ》を頭にした、江夏生官《しょうかん》・天水二官など二〇人以上の一行であった。彼らの居住地が唐人町で、現在都城一の繁華街中町《なかまち》である。唐人町の住人は幕末には二八〇名いた。漢方医の何欽吉は、三股《みまた》町の梶山で薩摩藩のドル箱医薬品の一つである和人参を発見したばかりでなく、大館・向井といった門人を育て、都城の医学興隆の祖となった。西墓地に文化財の指定をうけた墓がある。子孫が無く、いま天水家に残る媽祖神は何欽吉が持ってきたものである。貿易商であった江夏生官は、都城の商業発展に寄与した。子孫には新田開発に携わったり、木曽川の治水工事におもむいた者もいる。

唐人たちのもたらした科学技術は、土木・採金・冶工・造船・漢方医・通事など幅広い。幕府の鎖国令で、長崎に移住した者もいたが、多くの唐人が薩摩領内にとどまり、中国文化と風俗の影響を与えた。

参考文献
○窪徳忠『中国文化と南島』昭和五六年一一月　第一書房
○松田誠『石敢当の現況』昭和五八年一二月　自費出版
○李献璋『媽祖信仰の研究』昭和五四年八月　泰山文物社
○『坊津町郷土誌』上　昭和四四年一二月　坊津町
○武野要子『藩貿易史の研究』昭和五四年六月　ミネルヴァ書房

2　石の文化

江戸時代に架けられた日本のアーチ式石橋の分布をみると、ほとんど九州・沖縄に限られている。古くから石の文化をみると、北九州に支石墓（ドルメン）、神籠石（こうごいし）、石人石馬などがあり、南九州には田の神さあや石敢当《せっかんとう》、石風呂など独特のものがある。

石材が豊富にあることと地理的に中国に近いことが石の文化を育てた大きな理由である。中国ではこのアーチ式の石橋を、両手をくみ合わせた形に似ていることから石拱橋《せっきょう》とよんだ。残されている最古の石造橋は隋代の安済橋である。すでに北宋の時代（一一〇〇年ごろ）には、最古の建築技術書『営造方式』が書かれている。この石橋技術は一五世紀には琉球につたわり、この地に独自の石橋文化が発達した。一方、九州の長崎には中国から直接、石橋技術がつたわっている。

長崎市を流れる中島川の石橋群は、一六三四（寛永一一）年に、中国からの渡来僧如定によって眼鏡橋が架けられたのをはじめ、帰化明人の寄付により、大手橋・高麗橋・一ノ瀬橋・鳴滝橋・一覧橋・桃渓《ももたに》橋などが一六五〇年から三十年間のうちにつぎつぎと架けられている。一四橋のうち眼鏡橋だけ二連アーチ橋で、あとは単一アーチ橋である。これらは近年の長崎水害で六橋が破壊された。長崎市以外のアーチ橋は、平戸の幸橋や諫早眼鏡橋などがある。

琉球にはすでに石造の城（グスク）が多くあったが、一四二〇年ごろにアーチ構法による拱門が座喜味城につくられている。一四五二年に尚金福王は明から冊封《さくほう》使を迎えるとき、国相懐機に石造のアーチ橋をつくらせている。那覇と首里を結ぶ海中道路に石橋七座を設け長虹橋と称した。

さらに一五〇二年には今も残る最古の天女橋がつくられており、室町時代にはかなりの石橋が存在していた。一六〇九年に島津氏の支配をうけてから後には、崇元寺橋・真玉《まだん》橋など六つの石橋ができている。

熊本県ではおよそ一五〇の石橋が明治時代までに架けられ、石造アーチ橋の宝庫といわれる。菊鹿町の洞口《とうぐう》橋（一七七四年）が最も古く、次が植木町の豊岡橋（一八〇二年）で、あとはほとんど幕末から明治時代にかけてつくられている。熊本県の石橋は、東部の宮崎県寄りと福岡県寄りの農村部・山間部に多く、下益城《ましき》郡砥用《ともち》町には霊台橋や雄亀滝《おけたき》橋など三〇橋近くが残っている。

石橋の技術が日本に根づいて完成されたのは、岩永三五郎・橋本勘五郎という二人の天才的な石工棟梁が輩出したことによる。彼らを頂点とする野津組・種山組などの石工集団は肥後を中心に活躍したが九州各地に影響を与えた。

鹿児島市を貫流する甲突《こうつき》川の五大石橋は岩永三五郎が幕末の薩摩藩の要請をうけてつくった傑作である。この五橋は、上流から玉江橋（一八四九年）・新上《しんかん》橋（一八四五年）・西田橋（一八四六年）・高麗橋（一八四七年）・武之橋（一八四八年）といわれるアーチ式石橋である。このころ薩摩藩は家老調所広郷が財政改革・殖産政策を実施し、ようやく財政難からたち直ることができた。さらに藩は港湾整備・河川改修などの土木工事をおしすすめていた。城下を流れる甲突川の改修もそのひとつであった。

一八四〇（天保一一）年ごろ、名高い肥後の石工・岩永三五郎が薩摩藩に招かれ、架橋工事の総指揮をとった。三五郎は、架橋の前にまず甲突川の護岸の整備・川幅の統一・川底の浚渫《しゅんせつ》をおこなった。そのあと新上橋からはじめ、一年に一橋ずつつくっていった。橋長七一メートルの武之橋は五連のアーチ、他の四橋は四連のアーチ橋とされた。各アーチとも中央アーチは、洪水のときに川の流れが中央でふくらむことを想定して高くしてある。

西田橋は参勤交代の西目筋《にしめ》にあたり、鹿児島城下の表玄関として細工が凝らされている。高い欄干には青銅のぎぼしが付けられ、七二万石の大藩の格式と威厳が感じられる。七・二メートルの橋幅は江戸時代では最大である。岩永三五郎はこの後も一〇年にわたって薩摩にとどまり、鹿児島港に三五郎波止《はと》を築き、石橋も三六橋を架けている。

このとき肥後よりつれてきた石工集団の他に、薩摩に在来からいた相当多くの石工集団が工事にたずさわっていたのではないかと思われる。近世鹿児島の土木開発は、一六〇一年からはじまった鶴丸城の構築と、それに伴う城下町の建設が一六三〇年までつづく。さらに地方の小城下町である麓（ふもと）の町づくりが一七〇〇年ごろまでつづいた。このときの工事では、朝鮮に侵攻した文禄・慶長の役で島津義弘がつれ帰った朝鮮技術者も土木事業にかかわっていたと思われる。鹿児島城下の高麗町はいまではその名を残すだけで、彼らは後に苗代川に移住させられている。また国分郷の麓の元禄時代の地図にも高麗町が記されている。

琉球のアーチ橋の技法は、アーチをうける両側の側壁を垂直に積んでいき、その上にわずか二個の湾曲した掛石を中央で合わせている。九州式では、組みあげた木わくの上に両岸から輪石を一個ずつ組んでいき、最後に頂点の要石一個で全体をぴったり固定させる方式になっている。

鹿児島城下を流れる精木《あべき》川に架けられた実方《さねかた》太鼓橋は、『三国名勝図会』に「洪水がおきても流失しないようアーチ橋にした」と記されている。『鹿児島県維新前土木史』には寛永年間（一六二四〜四四年）に架橋されたとある。そうすると長崎の眼鏡橋とならんでもっとも古いアーチ式の石橋となる。琉球でおこなわれていた補助輪石的手法がみられることから琉球伝来の石橋と思われるが、輪石構法に琉球式の特徴がみられない。あるいは、帰化人によりつくられた可能性がつよい。

　寛永年間には、薩摩藩には長崎と同じように帰化明人が多かった。長崎の中島川の一覧橋を架けた高一覧は、「庄内地理志」によると都城出身で、帰化明人高寿覚の養子になった人という。また一ノ瀬橋をかけた陳道隆は、日本名を穎《え》川《がわ》藤左衛門といい、医者として島津氏に仕えた帰化明人陳冲一の子である。鳴滝橋を架けた林守壂も福建省から鹿児島に亡命した林太卿の子で、長じてから長崎に移っている。寛永年間作と伝えられる実方太鼓橋は、こうした帰化明人の一人によって架けられたとみられる。また、実方橋は東目《ひがしめ》筋の主要道で付近は石だたみが敷かれていたことから、早くに格調たかい高度な技術の石橋が築かれたとしてもおかしくない。

　こうした中国伝来の石橋技術の伝統の上に薩摩藩の水道施設がつくられた。一七二三（享保八）年のことだから、神田・玉川上水に次いで日本では三番目に古い。冷水《ひやみず》町の水源から鶴丸城に水をひき、残りを城下町に給水していた。水道管は凝灰岩をくりぬき、しっくいで固めてつなぎ、方向転換や水圧調整の高枡が所々に設けられていた。サイホン原理を応用して水を導くものである。肥後の導水橋として有名な通潤橋を架けた石工が、鹿児島城下を訪れているのは、水道施設の視察の目的があったのかもしれない。

　九州の石橋文化のルートは、中国から琉球・薩摩・長崎の各地へつたわり、薩摩にいた帰化明人の技術も長崎へつたわり、長崎の技術が九州各地に伝播して、肥後で一つの完成をみた。それがまた薩摩へもどっていくという過程が江戸時代の二〇〇年間にみられた。

　文化は先進地から後進地に一方的につたわるものではなく、互いに異質の文化がふれあった所で新しい独自の文化が生み出されている。今も九州に多く残る石橋は南方と日本の技術・文化がふれあい発展した跡をとどめておもしろい。

阿久根の南方神社参道

3　あくね焼酎——黒潮の恵み——

阿久根市波留《はる》諏訪《すわ》にある南方《みなみかた》神社では七年に一回夏の祭礼に神《かん》舞《め》といわれる鬼神面の踊りが奉納される。土地では諏訪神社とよばれているこの参道入口に一基の石鳥居があり、寄進者銘は折口伊兵衛重芳とある。今も残るこの鳥居こそ薩摩西岸の文化と産業の歴史を紐解く記念碑といえよう。

阿久根の町に放送取材に訪れたのは、前後三回にわたった。同じ地を違ったテーマで三度も訪れたのは珍しい。それほどここは薩摩の歴史にとって重要な処であった。

阿久根の港は古くから対外交易の拠点港として名高く、室町末期にはすでにヨーロッパから来航した船がみられた。一九五七（昭和三二）年に阿久根海岸砂中より掘り出された仏郎機《ふらんき》といわれる砲は、四〇〇年前に造られたポルトガル製の火砲と推定され、今も市立図書館に陳列されている。

この地で古くから対外貿易にかかわった重要な人物がいる。河南源兵衛である。藍会栄《らんかいえい》といい、明朝の臣であったが、一六二〇年明末の動乱をさけて、琉球王をたよってきた。このとき琉球はすでに島津氏に征服され琉球奉行の支配下にあった。そのため琉球王の推挙で藍会栄は島津氏に仕えることとなった。琉球経由で中国との貿易をもくろむ島津氏にとって、中国と唐物の事情に明るい藍氏の手腕は得難いものであった。そこで藍氏は西海岸の要港阿久根に移され、永住することになった。

こうして阿久根に住みついた藍氏は、姓を故郷の河南省にとり、河南《かわみなみ》源兵衛として代々琉球経由の唐物を扱う貿易にたずさわった。藩は三〇〇石の士分扱いという破格の待遇をした。初代河南源兵衛は、長男に士分を、次男には商家を譲った。代々河南源兵衛を名のり、海上貿易で藩を支える有力な商人となったのはこの二男家である。

河南源兵衛のあとに、日置《ひおき》折口浦で琉球貿易の廻船問屋を業としていた伊兵衛がたよってきた。伊兵衛も琉球の出身であるため、知己の多い阿久根に住み、焼酎づくりをはじめた。何度か酒づくりに失敗したが、妙見川の名水をみつけて風味のよい粟《あわ》焼酎をつくり出すことができた。製法は琉球の泡盛《あわもり》と同じ一次

河南源兵衛（右）と寺島宗則

仕込みであるが、琉球の黒こうじ菌を使えないため、泡盛や一般の焼酎とくらべて非常にきついものだったようだ。幕末の『三国名勝図会』には「阿久根の焼酎は、味辛烈にして、尋常の焼酎とは異なり」と書いてある。尋常と違う風味のこの焼酎は、「阿久根千酒《ちざけ》」と名づけられた。

阿久根宿は鹿児島城下より上方へのぼる要道にあり、参勤交代に行く島津侯の行列も、必ずここに泊まった。二代藩主光久がこの地頭役所に一泊したとき、河南源兵衛のすすめで光久に阿久根千酒が献上された。光久はその美妙な風味を讃えて「阿久根諸白《もろはく》」とこの酒を名づけた。このため阿久根焼酎はますます評判をよび、上方・江戸まで名を高めた。『江戸買物独案内』によると、このときの酒の値段は、一升につき、薩州あくね八〇〇文、薩州焼酎五〇〇文、名酒明の鶴二六〇文とある。当時で醸造米酒の数倍の値がついていたのである。鹿児島の本格焼酎は今でも全国生産高の半分をつくっている。しかし銘酒としてこのような値のつく例はない。阿久根焼酎には希少価値があったのであろう。折口伊兵衛が名声を確立したの

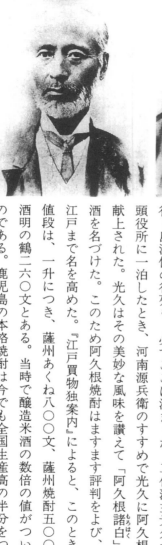

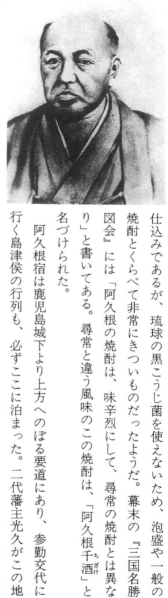

は、阿久根に移ってわずか一五年の後である。唐人が多く開明的な町は、商人・職人で活気づき、藩内の麓社会とはまた違ったおもむきがあった。伊兵衛が短期間に成功できたのは、こうした阿久根の立地の良さと、河南家との親交のおかげであった。なお、『阿久根市誌』によると伊兵衛は琉球出身とされているが、同家の系図では確かめられなかった。

阿久根港の西南に、まわりを高い丘で囲まれた倉津《くらつ》港がある。ポルトガル・スペイン・中国の大型船はこの外港に入ってきた。いかなる大しけにも安全な港であったので内外の大型船がこの外港に入ってきた。しかし、山に阻《はば》まれ交通に不便なため、江戸時代のはじめまでは無人の浦であった。食糧・水・燃料の貯蔵所が必要だった。その倉を建てたことから倉津といわれ、鎖国令の後は異国船番所と遠見番所が置かれた。孔《あな》の口の高台に砲台が設置され、外国船への備えとされた。

一七七二(安永元)年に広東より長崎に向かう中国船がこの倉津港に漂着した。遠見番所では嵐で遭難するのをみかねて、入港を許し、数日後に手厚くもてなして出港させた。このとき船長の謝文旦が礼物として唐通事の原田喜右衛門へ贈った果実が文旦(ボンタン)である。皮厚く実が大きく甘味ある柑橘として異

倉津の港

国の味をとどめるボンタンは、台湾南部の産であるという。

幕末になると、薩摩藩は藩ぐるみの密貿易にはしったが、阿久根の商人たちも大いに協力した。河南源七・丹宗庄右衛門・新原太右衛門・池田太兵衛・折口恒右衛門の名がみえる。幕府公認の唐物以外はすべて密輸品である。織物・漢方薬の他に象牙・ベッコウ・ダイヤモンド・ヒスイ・ジャコウ・陶磁器などがあった。琉球や広東まで船を出して仕入れるのはやさしいが、日本で荷揚げして売りさばくのには特別のルートがいる。幕末といえども幕府の捕吏の追及はきびしく、薩摩では多くの海商たちが捕われた。斉彬侯の全面的な庇護下にあった浜崎太平次でさえも罪科を問われるほどだった。

丹宗庄右衛門は義兄の河南源七をかばい、伊豆の八丈島に流された。一八六八(明治元)年に罪を許されるまで一五年間を流刑地で過ごした。この間に庄右衛門は八丈島でいも焼酎をつくり、味噌・醤油・こうじの製法をつたえた。こうした偶然性から南方の食文化がはるばる八丈の地にまで根づいた。いま阿久根のつくり酒屋三軒、八丈島には六軒あり、阿久根焼酎の伝統が続いている。

開明の風土から新しい時代に生きる人物が輩出される。舟奉行寺島宗則は阿久根の脇本で一八三三（天保四）年に生まれた。幼少のとき長崎にわたり、医学をおさめ、一四歳で藩の留学生として江戸に出て戸塚静海などの洋学者に学んだ。二四歳で帰り、斉彬の集成館事業を助け、綿火薬・写真・ガス燈・電信機などの研究につとめた。斉彬没後は幕府開成所の教授手伝となり、一八六二（文久二）年に幕府使節つき通訳としてヨーロッパへわたった。このときの見聞は、のちに薩摩と日本の進路を決める重要な役割をはたした宗則の世界的な視野を確定づける旅であったといえる。薩藩舟奉行になった寺島は、薩英戦争で五代友厚とともに英軍に捕えられた。そのため、のちに武断派に命をねらわれることとなった。

薩英戦争を経験して、攘夷論の無意味さを身をもって知った薩摩は、寺島の奔走により英国の支援をうけ、討幕へ向かった。宗則は一八六五（慶応元）年に薩藩の海外留学生を引きつれて再びヨーロッパへ渡った。維新ののちは外務卿・文部卿を経て、後に多くの外交官を輩出する礎を築いた。森有礼《ありのり》（米・清・英国公使）・鮫島尚信（仏公使）・吉田清成（米公使）・中村博愛《ひろなり》（蘭公使）など、薩摩に進取の気風をもたらせた寺島宗則の薫陶をうけた人材が数多い。

4　さつま竹取物語

国分市から北へ一〇キロほど山あいに入った台明寺《だいみようじ》、新川の支流郡田川《こおりだ》溪谷の奥にある川沿いは古くから由緒ある寺域である。台明寺の堂塔は明治初年の廃仏毀釈《きしやく》で破壊され、今では日吉《ひえ》神社だけが残されている。

台明寺は六七二（白鳳元）年に天智天皇の勅願で建立されたと伝えられる。のちに天台の寺となった。この地は古来から青葉笛竹の献上地として「台明寺文書」に記されている。

日吉神社社殿の裏山にある青葉山には今もその時献上されたと同じ寒山竹が繁っているが、ここでは台明竹（でみょうだけ）とよばれている。

箭は俗に「一デミョ、二コサン（こさん竹）、三カラ（唐竹）、四モソ（孟宗）」といって、この台明竹がもっとも美味とされている。この竹は節の間が約二〇センチと長く、横笛を作るのに長さ・太さが適しているため、朝廷に「青葉竹」として献納された。それは竹に青葉がついたままの形で献上されたことによる。青葉笛竹の名手平敦盛の手にした笛もこの台明竹といわれてきた。

台明竹の竹林で天吹を奏する白尾さん

薩摩では古くから竹を利用してさまざまな物を作ってきた。『延喜式』の隼人司の条には、隼人の一部が朝廷に所属し、薫籠《たきもの》・紙すき用簀《すのこ》・茶籠などの製作にあたっていたことがみえる。『倭文麻環（しずのおだまき）』という藩制時代の風俗を記した書に、天吹《てんぷく》を奏でる薩摩兵児《へこ》の図が描かれている。天吹はホテイ竹を材料とする薩摩独得の楽器である。たて笛であるから節の間は短い方がよい。大体三〇センチあまりの二節半の竹で作られ、穴は表に四つ、裏に一つある。

三州を統一した島津日新斎《じっしんさい》忠良が武士のたしなみとして薩摩琵琶と天吹を奨励したという。勇猛でボッケモンといわれた薩摩隼人が、哀調を帯びた天吹を愛好していた一面がおもしろい。

放送の中で、リョウリョウたる笛音を披露していただいた加治木町の白尾国利氏は、この天吹の唯ひとりの継承者として、同好会を催し、伝統の復活に力を入れている。

工芸や食用に孟宗竹は広く利用されているが日本に入ってきた歴史は意外に新しい。一七三六（元文元）年三月、四代藩主、島津吉貴が琉球から二株献上させ、磯庭園に移植したのがはじまりで、その竹林を江南竹林という。孟宗竹は琉球でも中国の江南地方から移植したばかりであった。その後琉球では土質が適さず普及しなかったが、本土では藩の奨励策により急速に普及していった。

宮之城領主島津久通（一六〇四～七四）は永野金山や二渡《ふたわたり》新田の開発、杉の植林、紙すき業の振興などにつとめ業績をあげた藩の家老であるが、その後の領主も孟宗竹の普及につとめている。宮之城の町にはみごとな竹林があちこちに見られる。県内一の竹林面積をもち竹工芸のさかんな地である。

タケノコとして出荷されるものを別にして、その製品順位は、①竹器、②花器、③竹かご・ざる、④はし・しゃもじ、⑤つり竿、⑥民芸品、⑦竹尺・竹刀などがある。

また種別の製品は、孟宗竹～花器・ほうき・はし・しゃもじ・竹刀・枕・げた、真竹～かご・のり竹、こさん竹～垣根・ほうき柄・つり竿、ハチク～のり竹、にが竹～壁材・植木支柱、となる。

宮之城町では明治期から養蚕用竹器具としてバラ・桑てご・まゆ運搬用かごや、茶入かごの竹細工がつくられており、戦後は竹すだれ・計算尺・はし・花

宮之城の竹製品

器などをつくる竹工場が多く、今でも一七の工場を数える。

また産業振興のため「みやんじょチクリン村」王国を名のり、新しい創作竹製品を開発し、町ぐるみで村興しがすすめられている。プラスチック製品に押されていた竹製品であったが、今日その素材のもつ良さがまた見直されつつあるようだ。竹は日本文化の一つの伝統的要素となったが、日本の竹文化も、雲南から東南アジアにまたがる竹の文化圏の中に位置づけられるものである。孟宗竹の伝来にみられるように、竹の文化は鹿児島を基点にして、日本に根づいていったといえる。

参考文献

○『宮之城町史』宮之城町役場

5　朝鮮陶工の里・苗代川

苗代川はいま美山と改称されているが、古くからの薩摩焼の里である。ひとくちに薩摩焼といっても、その用土・技法は多彩で伝来の経路も複雑である。

苗代川の薩摩焼は江戸時代は黒物が主で、一般庶民の土瓶・徳利・すり鉢などの日用雑器が製品の主要なものであった。白物を上手物《じょうてもの》、献上薩摩とよび、黒物は日用雑器の下手物《げて》とよんでいるが、なかには御前黒《ごぜんくろ》とよばれる献上用の黒物もある。

帖佐焼は、苗代川につたわる陶工とは別で、東市来《いちき》の神之川に上陸した金海・芳仲の二陶工が、一六〇一（慶長六年）年ごろ帖佐に宇都《うと》窯を開いたことからはじまる。金海は持参した原土と薬を使い、高麗式の太白三島手《みしまで》などの技法をつたえたが、さらに瀬戸にいき新しい技法を学んだ。島津義弘が一六〇七（慶長一二）年に加治木に居城を移したとき、金海は城下の加治木に御里《おさと》窯を築いた。そこで藩主の御用窯として、茶碗・茶入・火計《ひばか》り手・御判手などの陶器をつくっている。金海は星山仲次と名のり、士分にとりたてられた。初代家久が鹿児島に移るとともに竪野《たての》に窯を築き、竪野焼の開祖として、代々御用窯をつとめ、薩摩焼の主流となった。この竪野焼は鹿児島市冷水《ひやみず》に窯跡をとどめている。

この窯の作品は、火計り手・白薩摩・錦手金欄手・染付白磁・青磁・瑠璃手・宋胡録《すんころく》手・三島手など朝鮮の伝統技法のほかに、肥前・瀬戸・京都の技法をとり入れている。

加治木にのこる竜門司焼は帖佐系になるが、黒物の日用品雑器を中心に生産していた。いまもドンコ・鮫《さめ》肌・三彩など独特の作品を生みだしている。

苗代川神舞図『三国名勝図会』より

朝鮮からつれてこられた陶工たちのほとんどはのちに苗代川に集められたが、彼らには長い苦難の歴史が待ちうけていた。天下を統一した豊臣秀吉は明国の攻略を企て、慶長の役とよばれる朝鮮侵略をおこなった。これに従って攻略の先兵となった島津氏は慶尚道・全羅道など李朝陶磁の産地から多くの陶工をつれ帰った。九州から出兵した毛利・鍋島・細川・黒田氏らの諸大名も競って陶工たちを拉致し、その数は二、三万人にものぼったという。そのうち七五〇〇余人はのちに朝鮮に帰されたが、残りの人たちは九州の各地で窯を築き、日本に同化していった。

一五九八（慶長三）年に、串木野島平《しまびら》・市来の神之川・鹿児島の前之浜に着船した者は七〇余人であった。島津義弘は一六〇〇（慶長五）年関ヶ原の戦いに敗れ、薩摩に帰国していたが、一六〇三（慶長八）年にようやく薩摩藩の所領が安堵された。こうした中で陶工たちはうちすてられ、各地で窯を築き、粗末な日用雑器を焼いて近在の農家と物々交換をおこない、ようやく飢えをしのぐありさまであった。串木野で迫害された陶工たちは、一六〇三（慶長八）年一二月に南の苗代川へ移る。

薩摩藩が安定すると陶工たちはようやく保護をうけるようになった。苗代川に二三か所の居屋敷と八七石余の介抱高が給され、代表格の朴平意が庄屋として切米四石と屋敷が与えられた。朴平意・貞用父子を中心にして開かれた元屋敷窯ではこの後寛永年間までに、加世田・津貫・指宿・山川・枕崎など領内から発見された白土をもとに白薩摩の焼成がはじめられ、黒物の日用雑器の生産も軌道にのってきた。神之川に上陸した三姓の一〇人は寛文年間に苗代川へ移り、一六六九（寛文九）年には鹿児島城下の高麗《これ》町に住む二五家も移住してきた。

苗代川の陶工『三国名勝図会』より

一七八七（天明七）年には苗代川の人口は一五〇〇人となっている。

一六〇五（慶長一〇）年には朝鮮の国造神の檀君が祀られる玉山宮がつくられた。集落の北はずれの高い丘に御神体はあり、ここに立つ陶工は海のかなたの故国を想い、望郷の念をつのらせたという。

陶工たちは身分は百姓の下位、町人の上位とされ屋敷と門構えを許されていたが、他所への婚姻による出村の禁止、和名使用の禁止、朝鮮風俗の強制などさまざまな制約をうけていた。苗代川は参勤交代の要所として御仮屋が設けられ、二代藩主光久のときから、歴代の藩主はここに立ち寄り、そのたびにやきもの市を開かせ、村の人びとに古代の装束をつけさせ、神舞や歌謡を披露させている。琉球使節をひきつれ「江戸のぼり」をおこない、ときには琉球王子をつれて、ともに苗代川の御仮屋で、陶工たちの演舞を鑑賞させている。琉球という異国支配と、苗代川という異域支配をことさらに、国の内外に印象づけて権威を高める手段にしている。中国貿易にたずさわった帰化明人の子孫が薩摩の人として地域社会に同化させられたのに対して朝鮮からの陶工たちは隔離されていた。このような極端

第一二代沈寿官作　薩摩焼
錦手牡丹花瓶

な待遇をしたのは全国でも薩摩藩だけであった。

幕末になると、調所《ずしょ》広郷は藩内改革の一環として苗代川・陶窯の振興につとめ、南京皿山窯を開き、染付《そめつけ》白磁の焼成をはじめた。斉彬は、鹿児島の磯別邸に御庭焼窯を築き、錦手風の御庭焼を生み出した。苗代川にも磯御庭焼の分窯が置かれ、磁器方主取《ぬしどり》に沈寿官が任命され、錦手方主取には朴正官が任命された。ここでは輸出用の洋食器をはじめ、大皿・丼鉢など多数が製造された。一八六七（慶応三）年のパリ万国博覧会に出品された白薩摩はいちはやく有名をはせた。なおも明治維新・西南戦争とうちつづく受難のなかで、苗代川の陶工たちは新しい道を開いていった。強制的に母国よりつれ来られた陶工たちは、日本に大きな文化的影響をもたらした。学者・医師・石工・螺鈿工などの技術者や活版などが入ってきた。薩摩藩の重要な輸出品となった樟脳づくりの技術も苗代川の陶工たちがもたらしたものである。

参考文献

○内藤雋《しゅん》輔『文禄・慶長役における被擄人の研究』
○原口虎雄校訂・解説『日本庶民生活資料集成』巻一〇

第九章　薩摩と琉球

1　海洋王国薩摩と琉球

古来、薩摩は海を舞台に発展してきた。黒潮と季節風によって結ばれた鹿児島・上海・福建・那覇は一辺八〇〇キロの菱形の頂点に位置する。

古代九州では「遠の朝廷」大宰府の鴻臚館が国の外交機関であったが、海洋アジアの制海権があったわけではない。実態は迎賓館である。一方、海域をめぐる交易は弥生時代にはすでに遠隔地間に展開していた。沖縄のゴホウラ貝の腕輪半製品が薩摩半島中南部の高橋貝塚（南さつま市）に出土し、九州北部産のヒスイが南島で出土する。

平安末には南島産の夜光貝の螺鈿が平泉中尊寺金色堂に二万七千個も使われている。平家政権下には日宋貿易が大いに発展した。平氏の権力基盤は海上貿易にあったが、制海権は内海の瀬戸内海にしか及んでいない。九州の外洋には統制に従わない豪族が跋扈していた。南薩摩の大豪族阿多忠景に平氏は討伐軍を送るが、「鬼界島」に逐電された。壇ノ浦の戦いや源義経の残党掃討も東シナ海という外洋の壁が立ちはだかった。鎌倉時代には元寇が二度あったにもか

徳之島伊仙町で一二～一四世紀に製作されたカムイヤキの壺

かわらず、商人や僧侶の往来は以前にも増して活発であった。

これは何を物語っているのか？　外洋を制圧することがいかに困難であったかということである。「灘」とは難所という意味である。菱形の一辺、那覇・鹿児島間には「海の墓場」と呼ばれてきたトカラ灘がある。口之島と屋久島栗生の間にある平瀬は、大潮の時、鳴門海峡を凌ぐ渦潮になると、海上保安部の職員から聞いたことがある。平均時速三ノット、深さ一〇〇〇メートル、幅一〇〇キロメートルの黒潮が、平瀬を西から東へ横切っている。奈良時代に鑑真が六度目に坊津秋目に上陸できたのは、幸運というしかない。四つの船と言われる遣唐使船の生還率は七五パーセントに過ぎない。平安末に奄美人が九州北部で海賊行為を働いた仲間に、他国の海賊も混じっていたであろう。後の時代にいう倭寇である。

一二～一四世紀に徳之島で製作されたカムイヤキ（南島陶質土器）が、沖縄の石垣島から北薩の出水まで大量に出土しているのには驚く。護送船団もいたはずである。徳之島に武装した船を描いた線刻画が残っているのも関係がありうる。このカムイヤキが一五世紀に突然消滅するのは中国産の貿易陶磁が出現したからであろう。カムイヤキの産地は初め朝鮮と考えられていたが、焼き物技術の伝播があったのであろう。日明勘合貿易と倭寇の跋扈は同時代、同海域の出来事である。そして戦国時代末から東南アジアにまで朱印船貿易の全盛期を迎える。

室町時代に島津氏は日明勘合貿易の常連であった。理由は硫黄。薩摩産の硫黄は跳びぬけて上質であった。大正時代まで口永良部島は一五万トン産出していた。硫黄島は言うまでもあるまい。日明勘合船の天龍寺船の積み荷のほぼ全部が硫黄であった。中国や朝鮮に産しない鉱物が薩摩の切り札であった。近世鹿児島藩は、佐渡金山を上回る産金銀量を誇っていた。この時代はSulfur（硫黄）とGold（金）ラッシュの時代であった。

戦国時代、薩摩商人は石見銀山で銀を買い付け、琉球に運び、琉球商人が中国へ輸出した。中国の銀本位経済はこの交易で成り立っていた。石見銀山が世界文化遺産に登録されたのは、この銀が中国経済を支えていたからである。この時期、島津氏は急速に琉球交易の独占を強化していく。嘉吉元年（一四四一年）に琉球国は足利将軍から与えられたものだと唱え始めるのはその一環である。中国から島津氏に派遣された使節への贈り物は、銀か硫黄であった。

中世琉球と薩摩は善隣友好関係にあり、王国は「綾船」という正式な外交船を派遣していた。しかし、豊臣秀吉の時代に島津氏は朝鮮侵略軍の軍役を琉球に転嫁し、琉球使節に無礼があったと詰問する。関ケ原の合戦以降は、徳川氏に聘礼の使節を派遣しなかったと恫喝した。これが「聘礼問題」である。その行きつくところは琉球攻略であった。

一六〇一年、関ケ原西軍の敗将宇喜多秀家が島津氏を頼って薩摩に来たときも、体よく桜島の後背地牛根に事実上軟禁しており、露見すると秀家を家康のもとに送還した。助命嘆願をしたのは島津家の武家の誉れのためである。秀家は琉球にわたり劣勢挽回の道を切り開こうとしていたとも言われている。島津氏がそれを許すはずはなかった。

一六〇六年に島津氏は「大島入り」の談合をしていたが、同年末には琉球攻略にすり替わっていた。初代鹿児島藩主家久の外交戦略であった。前太守島津義久は秀吉の軍門に下ったにもかかわらず、依然として一六一一年に病没するまで外交権を握っていたと見られ、家久は藩権力を掌握するに至っていなかった。義久には譜代の重臣がおり、その権力基盤の一つは華僑商人との繋がりであった。島津氏発給の琉球渡海朱印状一六通のうち一四通は義久名義である。

ルソン・カンボジア・ベトナム・タイの国王など南蛮へ使節を派遣している。中国とは、いわば「薩摩・福建コネクション」とも言うべき長年の外交関係が確立していたとみてよいだろう。一六〇一年に島津義弘もルソンに交易をもちかけた事例もあり、外交権をみるかぎり家久に藩権力が一元化していたとは言い難い。

一六〇七年、尚寧王を冊封する中国使節団が来琉していたので、侵攻は見送られた。一六〇八年末には「琉球渡海軍衆法度」が決められ、翌年三月、三〇〇〇人が出兵した。軍役規定を上回る数であった。藩主家久・義久・義弘の独立した三軍団に、それぞれ志願兵が加わったためであろう。

藩主家久は、大御所徳川家康と将軍秀忠の許可を後ろ盾としていた。幕府は、断絶していた日明国交を琉球に斡旋させることを島津氏に託したのである。島津家久は、侵攻には消極的であった前守護・守護代の義久・義弘の隠然たる力を抑え、自らへ権力を一元化するため侵攻を強行した。琉球侵攻は家臣にとって一種の踏絵、忠誠の証しであった。侵攻が明国に知られてはならない。日明国交回復が水泡に帰すからである。まさに電光石火の鉄炮攻めであった。村々を焼き尽くし、四月には首里城を接収し、尚寧王以下の重臣たちが家康への挨撈に旅立たされた。

日明国交回復は不調に終わったが、琉球国は島津氏に与えられた。島津七二万石は王国を含んでいる。しかし、王国の九万石の軍役は免除され、王国は国際的には独立国として存続し続けた。これを「幕藩体制下の異国」と言い、二六三年もの長期に及んだ。それを可能にした条件は、琉球港交易図屛風などの絵図を手掛かりにして解き明かすことができる。キーワードは昆布・俵物・木材・武器刀剣・鋳物・馬・黒糖・薬種などのグローバルな交易である。幕末日本が外圧に見舞われたとき、鹿児島藩が雄藩として台頭できたのは、琉球王国の存在を抜きにしては語れない。

2　外交僧の役割

中世近世の東アジアの国際秩序は中国（明、清）を中心とする冊封体制で安定していた。宗主国の中国へ琉球国や李氏朝鮮が朝貢し、国王としての冊封を受けるという朝貢体制である。

日本は朝貢国ではなかったが、三国間には漂流民送還体制があった。漂流民は漂流先の費用で母国へ護送されていた。また、宗主国は冊封国に直接的な政治支配を行わなかった。この体制を破壊したのは西欧列強の自由貿易を要求する外圧である。アヘン戦争により清国がイギリスの半植民地となり、東アジア諸国は不平等な条約体制へと組み込まれていった。

戦国時代、明は倭寇の取り締まりに苦慮した。中国の地理書は、大隅半島を根拠地の一つとしている。豊臣秀吉の「唐入り」朝鮮侵略により、日明関係は断絶していた。「貿易将軍」と呼ばれるほど海外貿易に熱心だった徳川家康は、朝鮮の役で捕虜になっていた明人茅国科の送還を島津氏に依頼した。家康の狙いは日明国交回復である。答礼の明国商船が薩摩硫黄島沖で倭寇に襲われたためその目論見は失敗したが、家康は国交回復の望みを琉球国に託した。しかし、国交回復の交渉は琉球国に一方的に聘礼を強いるものだったため、不調に終わった。

この時期、国際秩序の形成に大きな役割を演じたのは外交僧であった。日明勘合貿易路にある日向外浦出身の南浦文之は、島津義久・義弘・家久三代の外交顧問であった。「黒衣の外交官」と呼ばれている。「鉄炮記」の著者である。文之は琉球・明との交渉に当たった。

志布志も日明勘合貿易の拠点であった。臨済宗の名刹大慈寺が外交を専管した。開山の玉山玄提（一三一八年生）は八年間中国（元）で学んだ高僧で、二世剛中和尚は弟子一〇人を中国へ派遣し、宋版大蔵経などの中国文化の粋を導入している。

第四五代龍雲和尚は、天正一六年（一五八八）から琉球に三回渡海し、琉球国との交渉にあったが不調に終わった。薩摩藩侵攻の際には講和代表として、首里城の接収に当たった（一六〇九年）。龍雲は武田家の菩提寺恵林寺で二〇年修行し、織田信長の焼き討ちにも遭遇している。朝鮮の役では義弘の陣僧を勤めていた。

江戸時代、京都妙心寺末の大慈寺は琉球僧の学問所となった。「禅門に学ぶ雲水一〇〇余人」とあるように多くの修行僧が大慈寺に留学した。『妙心寺史』には「大慈寺住持龍雲和尚琉球に伝法」とある。大慈寺に残る「琉球国僧吹嘘状」「琉球国門派転位入用式目」から妙心寺へ琉球僧を推薦していたことが分かる。琉球僧は首里の円覚寺の僧であろう。留学中大慈寺で客死した僧の墓の一部が開山堂墓地（現志布志支所西隅）と宝池庵墓地に残っている。龍雲は島津氏の意を受けて、琉球国が幕藩国家に帰順するために尽力していたと言える。

志布志郷の港は回船問屋で栄えた。「志布志千軒町は掃き掃除は要らぬ、花の千亀女が裾捌き」とは、町の繁栄を歌ったものである。回船問屋の児玉家は毎年琉球に渡っていたが、糸満の人が借金をして再三返す約束を破ったので斬り捨てようとしたとき、古い諺「意地出らば手を引き、手出らば意地を引け」を聞かされた。「短気が起きても手を出さないこと、手を出そうとしたら心を静めること」と言う教えである。志布志に帰ってみると、妻が男と寝ていた。斬ろうとしたときあの諺を思い出し、よく見てみると男装していたは自分の母親であった。児玉氏と糸満人が建てたのが糸満の白銀堂（戦後改築）である。

長い薩摩と琉球の交流の歴史にはこうした心の交流もあったのである。

3　沖縄県の強行設置　琉球処分

明治初期、大久保利通を晩年まで悩ませた二人の人物がいる。島津久光と尚泰である。島津久光は「玩古道人《がんこどうじん》」と自称する保守派。明治四年の廃藩置県は、かつての主君久光を裏切る形でしか出来なかった。同七年、大久保は久光を左大臣として政府に迎えたものの、近代化政策に悉く反対する久光に匙をなげざるを得なかった。

頑固さでは琉球国王尚泰も負けていない。琉球は一四世紀から五〇〇年続いた独立王国。一七世紀初め島津氏の侵攻を受けてからも、日本と中国に両属し、李氏朝鮮と同じような独立国であった。

明治五年、尚泰王が派遣した維新慶賀使に「尚泰を琉球藩王と為し華族に列する」旨の明治天皇の詔書が渡された。突然、琉球王国を琉球藩としたのである。同じ年、久光側近の外務官僚伊地知貞馨が沖縄に渡り、国家統治の証となる地理誌『沖縄志』を編纂した。共に沖縄を日本の領土とするための措置である。しかし、尚泰は首里城に留まったままで、東京への移居を頑なに拒んだ。大久保は何としても琉球と中国との関係を打ち切りたかった。その為には旧大名と同じように尚泰にも東京へ移居してもらわねばならない。

そんな中、明治四年、宮古島役人五四人が台湾に漂着し、原住民に殺害されるという事件が起こった。清国は、原住民の居住地は管轄外としたので、日本軍の台湾出兵が強行された。同七年五月、西郷従道率いる三〇〇〇人余（大半は鹿児島県士族）が台湾を武力制圧した。「自国民」を殺害されたことへの報復だと主張し、琉球が日本の領土であると認めさせようとしたのである。

清国の抗議に対して、大久保は全権大使として北京に乗り込み、二カ月に及ぶ直談判の末、北京議定書に漕ぎつけた。撫恤金を取り付けたことは大久保の粘り勝ちであった。しかし、議定書では琉球の日本所属がまだ明確にされていないと判断した大久保は、最後の手段に出ようとした矢先に暗殺された。

その手段とは、軍事警察権力による沖縄県の強行設置である。暗殺の翌明治一二年、松田道之琉球処分官が六〇〇人余りの熊本鎮台兵と警官とともに首里城に乗り込み、「琉球藩廃止、沖縄県設置」を宣言した。強権合併なのに「処分」としたのは、あくまで内政問題として処理したかったからである。四月四日、沖縄県設置は全国に布告され、翌日鍋島直彬が初代沖縄県令に任命された。

藩王だった尚泰は六月、東京へ。尚泰は家族を移居させるのが難しかったらしく猶予願いを提出している。

同年、清国はまだ琉球への宗主権を失ってはいないと主張したため、日本は宮古・八重山を分島してもよいと提案するが、妥結しなかった。尚泰は明治一七年一時帰県を許されるが、これは琉球士族が清国に秘かに渡航して清国当局に従来の関係を続けてほしいという嘆願の動きを戒めるためでもあった。

明治一八年、帰京した尚泰は侯爵に叙せられている。同じ華族の尚泰と忠義は親しい間柄であったようである。棚上げになっていた琉球問題が解決したのは、日清戦争で日本が清国に勝利した明治二八年であった。この年、島津忠義は従一位に昇叙した。尚泰がその祝詞を出していたことが最近分かった。翌年、首里城の軍隊は撤退。明治三〇年末、忠義薨去（五八歳）。国葬が行われた。

最後の薩摩藩主・島津忠義の墓（常安墓地）

国葬のために作られた旧島津氏玉里邸黒門と国葬道路。鹿児島市玉里町

4 「沖縄御渡海之記」を読む

国葬とは国費で行われる葬儀。大久保利通が最初で（明治一一年）、三番目が島津久光であった（同二〇年）。鹿児島市の旧玉里島津邸から国道三号線までの道路は、国葬のために作られたので「国葬道路」と呼ばれている。

久光の長男、最後の薩摩藩主忠義も国葬であった（同三〇年）。忠義は明治一九年（一八八六）、弟で玉里島津家二代忠済《ただなり》とともに沖縄を訪問した。薩摩藩が琉球王国を支配していた二六二年間にはなかったことである。軍事力により琉球藩を沖縄県とした琉球処分から七年後の旧薩摩藩主の訪問は、意図せざる政治的効果があった。なぜなら、沖縄県内には旧宗主国の中国との関係を断たれたくない保守層（「黒党」という）が依然いたからである。

この沖縄訪問を報じた「鹿児島新聞」の抜書「沖縄御渡海之記」が東京大学史料編纂所にあることを金城善・元糸満市立中央図書館

島津久光の墓（旧福昌寺墓地）

長に教わった（七月『首里城研究会』同氏発表）。

忠義一行一〇人は、明治一九年四月一八日、汽船豊瑞丸で鹿児島港を出港し、二二日那覇港に着いた。随員の一人市来四郎は、かつて島津斉彬から仏軍艦購入の密命を受け渡琉した琉球通。

外輪のある豊瑞丸は、東シナ海を「火輪の蹴《け》り起す外、海上更に波浪なく」、翌朝、名瀬港に着いた。新納支庁長以下、大勢の出迎えがあった。「漫遊」に過ぎないからと固辞したが、支庁からの忠義公への「敬礼」を受けざるを得なかった。

沖縄へも穏やかな航海で、那覇港の出迎えは、森長義大書記官（西村捨三県令は上京中）以下三六〇～三七〇名。森は、島津公の漫遊を「前代未聞の美挙」と言い、最大限の接待をした。

翌二三日には、御物城《おものぐすく》で二〇〇名以上参加した県の大招宴が催され、「山海の珍味と佳醸」と奏楽でもてなされた。翌日の百数十名の招宴では、余興に島津家の家紋を仕込んだ花火が打ち上げられている。二七日には、尚家の招宴が中城御殿《なかぐすくうどん》であった。主催者の尚典は、最後の琉球国王尚泰の王子である。尚家は東京居住が義務付けられていたので、この時尚典は許可を得て沖縄滞在中であった。

尚家の献立は、同年三月に巡島した山県有朋内務大臣のときに準じたもの。蒸し豚・焼肉・屋久貝・泡盛などが食膳に盛られた。山県内相へは、「かな（鉋）海馬」（ジュゴン）が供されている。島津氏は江戸の藩邸で諸大名に「鉋海馬《かんなざん》」を供しているので、島津家と尚家とでは料理人同士の交流があったようである。島津家は、江戸での「食膳外交」を得意としていた。

山県内相は、先島まで沖縄諸島を隈なく巡回した。その一カ月後の一〇日間、忠義一行も精力的に沖縄本島を巡見した。浦添城・中城城址にも足をのばし、首里城では大砲の砲弾を手に取って観察している。

特に注目されるのは、二四日に崇元寺で源為朝の矢を見たことである。為朝は源頼朝の叔父で、伝説では伊豆大島から琉球に落ち延び、南山王の妹との間に初代琉球王舜天をもうけたとされている。この「日琉同祖論」によれば、島津初代忠久も頼朝の庶長子とされているので、舜天は島津忠久の大叔父の子になる。沖縄は日本領土であることを忠義はアピールしたかったのかもしれない。

渡海記の最後に、「今回の漫遊中……黒党（保守派）をして悟るところあらしめた」「政治上の利益を与えしこと少なからざるを信ずる」と結んでいる。

5　沖縄戦と鹿児島

琉球・沖縄は史上二度、軍事侵攻された。一六〇九年の薩摩軍侵攻と一九四五年の米軍侵攻である。当時の人口は、琉球王国約一〇万人、沖縄県五九万人であった。上陸地は奇しくも同じ大湾の渡具知《とぐち》浜（読谷村）。薩摩軍兵力は三〇〇〇人と米軍五四万八〇〇〇人。薩摩軍主力は三月二九日に上陸し、四月一日首里城占拠、五月凱旋した。火縄銃に琉球の霊力は太刀打ち出来なかった。米軍の沖縄本島上陸は四月一日、沖縄の地形を変えるほど激しい「鉄の暴風」と言われた攻撃に晒され、三カ月後の六月二三日に日本軍司令部は全滅した。六月二三日は、摩文仁の第三二軍司令壕で牛島満司令官と長勇参謀長が自決した日（二二日説もある）。沖縄県では、この日を「慰霊の日」（休日）として、子供たちは平和学習に取り組む。

糸満市「平和の礎《いしじ》」には、鹿児島県出身戦没者二九二九人も眠る。一九四五年六月一八日夜、司令壕では第三二軍幹部一三人が別れの宴を催した。牛島司令官と薬丸兼教参謀の二人は鹿児島市出身であった。薬丸は薬丸自顕流一二代

沖縄守備軍・牛島満司令官の生い立ちの碑。鹿児島市加治屋町

兼吉の子、牛島は東郷示現流の使い手。薬丸は牛島が一中（現鶴丸高校）の配属将校のときの教え子である。兼吉は兼教の戦死の報に接し、薬丸自顕流の血は絶えたと述べている。幕末、薬丸半左エ門家が加治屋町にある。牛島の旧宅も加治屋町にあった。近くに西郷隆盛生家がある。牛島は鷹揚とした人柄から西郷に譬えられていた。西郷が日本最初の陸軍大将であったのに対し、牛島は沖縄戦中に最後の陸軍大将になった。

牛島の人柄を示す証言がある。降伏勧告を送った米軍最高位の中将バックナー司令官が六月一八日に戦死した報に接した参謀らが狂喜していたとき、牛島だけは敵将の死を悼んでいるかのようであったという（八原《やはら》博道高級参謀・大佐）。

『米国陸軍省』（一九九七年）に米軍の牛島評価がある。「牛島将軍は、物静かな、極めて有能な人で、全将兵が心服していた」と。牛島司令官は多くの沖縄住民を巻き添えにした日本軍の南部撤退を命じたので、今でも厳しい批判があるのはもちろんである。

もともと第三二軍の使命は、本土決戦をできるだけ遅らせることであった。そのための作戦が「出血持久戦」である。「極力敵（米軍）ノ出血消耗ヲ図リ」と『帝国陸海軍作戦計画大綱』にある。沖縄戦が米軍の予想に反して三カ月に及び、米軍戦死者が二万一九五人に上ったのはこの作戦の結果であった。

首里城司令部への米軍の進撃を妨げたのは、浦添城址の嘉数と前田の高地に築かれた陣地であった。両陣地の激戦は、五月六日まで一二日間続いた。前田高地の「為朝岩」の攻防も熾烈であった。源為朝が琉球に逃げ延び南山王の妹との間に琉球の初代舜天王を設けたという伝説に因んで名づけられていたのが「為朝岩」である。

昭和天皇は、五月一九日第三二軍宛に「敵に多大ノ出血ヲ強要シアルハ洵ニ満足ニ思フ」と打電された。沖縄は米軍の鹿児島県上陸作戦（オリンピック作戦）を阻止する「捨て石」であった。本土上陸のため鹿児島県の空襲は激しかった。鹿児島市では、三月から八回の空襲で三三六九人の死者が出ている。この時期、主に鹿児島県内から一一九五機の特攻機が出撃した。

沖縄戦を通じて、最大の悲劇は住民の集団自決である。初戦の三月二八日、渡嘉敷島住民一一〇〇人中、三三〇人が集団自決している。中には日本軍に住民が殺されることがあった。また鹿児島に向かう疎開船は、対馬丸などが撃沈され、多くの児童生徒が犠牲になった。

南部への撤退に取り残された小禄の海軍沖縄根拠地隊の大田実少将は、自決の七日前の六月六日、海軍次官宛に「沖縄県民斯ク戦ヘリ　県民ニ対シ後世特別ノ御高配ヲ賜ランコトヲ」と打電した。初代沖縄開発庁長官山中貞則代議士は、沖縄の心になって沖縄を見なければいけない、東京から沖縄を見てはいけないが口癖であった。二〇〇三年には沖縄県初の名誉県民に選ばれた。

6　首里城正殿、復元への期待

一四世紀末、中山国王の居城として建てられた首里城は、海洋アジアの交易で繁栄した琉球王国のシンボル、政治・経済・文化の中心であった。二〇〇〇年に世界遺産登録。何度か再建されたが、二〇一九年一〇月三一日の焼失は衝撃であった。現在、二〇二六年を目指して再建中。多くの寄付金が寄せられている。

今年は、沖縄が本土復帰して五〇年の節目の年である。トカラ列島十島村に二〇年、奄美群島復帰に遅れること一九年であった。正殿は太平洋戦争で焼失していたが、復帰二〇年記念に再建された。その陰の功労者が、初代沖縄開発庁長官の山中貞則代議士（一九二一〜二〇〇四年）である。氏が沖縄名誉県民第一号(二〇〇三年)であることは、案外知られていない。二〇二一年七月二三日に、新型コロナウィルスの感染対策で延期されていた生誕一〇〇年記念式典が曽於市で開かれた。

「日本は沖縄県民のために尽くし足ることはない」。氏の言葉である。沖縄戦

消失前の首里城正殿。
二〇二六年の再建を目指す。

での死者約二〇万人のうち半数の九万四〇〇〇人（推計）は一般住民であった。

一六〇九年、薩摩軍侵攻のとき首里城は焼失の危機に瀕した。沖縄本島に上陸した島津兵三〇〇〇は、電光石火のごとく村々を焼き尽くし、首里城を包囲した。島津家久の軍略覚には「もし琉球国主が城に立て籠ったら悉く焼き払い、空城」にすることが明記されている。時の尚寧王は籠城戦を避け開城した。首里城内の財宝の搬出には一〇日間を要した。薩摩武士は「日本においてはついに見ることのできない唐物（中国製品）をはじめ、珍しいものが限りなくたくさんある」と記している。その一部は将軍家や朝廷に献上された（日光東照宮に現存）。

江戸時代、日中両属を余儀なくされた琉球王国は、定期的に中国皇帝と徳川将軍に使節を派遣した。「唐旅」と「江戸上り」と言う。一七回に及ぶ江戸上りは琉球王子が正使を勤め、花尾神社（祭神は源頼朝と島津初代忠久の母丹後の局）と日光東照宮（祭神は徳川家康）へも参拝した。

鹿児島と中国福州には、琉球館という王国の出先機関があった。鹿児島城下絵図には、錦江湾に浮かぶ琉球楷船と、旗がひらめく琉球館が鮮やかに描かれている。琉球王からは島津家へ多くの献上品が贈られた。螺鈿の中央卓もその一つであろう（尚古集成館蔵）。

一七〇九年（宝永六）にも首里城は焼失した。再建には材木が必要だった。琉球国の要請を受けた第四代藩主島津吉貴は材木約二万本を寄贈し、首里城が再建された。吉貴は二〇二一年国宝に指定された霧島神宮本殿も再建した（一七一六年）。本殿は前年の霧島噴火で焼失したばかりであった。国宝指定の理由の一つは、龍柱や社殿内部の鮮やかな琉球風の装飾にある。

宝永六年（一七〇九）に再建された東大寺大仏殿の梁材も吉貴が献上した。霧島白鳥山の赤松の巨樹二本が、今でも重さ三〇〇〇トン以上の屋根を支えている。屋久杉専売制を敷いた薩摩藩は森林大国であった。吉貴は翌年、将軍家宣への琉球慶賀使を聘礼させ、島津家の権威の高揚に努めた。仙巌園に琉球から孟宗竹を移植したのも吉貴である（江南竹林）。仙巌園には二代藩主光久の時、望岳楼が琉球国王から贈られていた。望岳楼は琉球使節接見の四阿である。名勝仙巌園内の旧集成館は二〇一五年、世界文化遺産に登録された。

島津家が改易されず、従三位に叙せられたのは琉球のお陰である。首里城が再建された暁には、かつて薩摩武士を感嘆させた城内の文化財も蘇ってほしい。幸いにも山中氏が寄贈した島津家の古文書は焼失を免れた（沖縄県公文書館蔵）。北京档案館にある献上品の一部寄贈も検討されている。実現すれば首里城に王国の心が蘇る。その心とは「守礼之邦」の平和外交の伝統である。一四五八年、尚泰久王は「万国津梁」の鐘を正殿に掲げ、王国の繁栄を謳った。首里城が再建され、沖縄が東アジアの平和の礎となることを期待したい。

終章──苗代川と入来

苗代川と入来《いりき》は見えない糸で結ばれている。結んだ人は、東郷茂徳と朝河貫一。苗代川出身の外務大臣と福島県出身のエール大学教授である。日米開戦の直前、二人はかすかに日米をつないでいたパイプの両側にいた。

朝河博士は開戦を阻止する最後の手段としてルーズベルト大統領の天皇あての親書の草稿を書いた。この親書は、一九四一年一二月八日未明、東郷外相によって天皇に奏上されたが、そのとき真珠湾攻撃がはじまった。

朝河貫一は、一八七三（明治六）年二本松に生まれ、安積中学を首席で卒業、一八九六（明治二九）年アメリカに渡り、エール大学の教授として終生アメリカで研究した歴史学者である。その間、一九一九（大正八）年入来を訪れ、入来文書をはじめて調査し、一九二九（昭和四）年にこれを英文で出版したため、入来は世界から注目されるようになった。

入来文書は、一一四七年以来五〇〇年にわたる入来院家を中心とした武家文書で、これにより封建制の構造をくわしく解き明かすことができ、また朝河博士の英訳により、西欧と日本の封建制の比較研究が飛躍的に進んだ。

朝河は単なる学者として研究室にとじこもっていなかった。一リベラリストとして、アメリカ側から、戦争へと傾斜していく日本を憂い、警鐘を鳴らし続けた。それに呼応して日本で軍部に抗して戦争への道に歯止めをかけようとした人が東郷茂徳である。

東郷茂徳は、一八八二（明治一五）年陶工の子として生まれた。幼名は朴茂徳という。一八八六（明治一九）年東郷茂徳と改め、士族となった。苗代川の多くの住民の士族編入願いが却下されたため、商才があり村一番の分限者だった父寿勝が、東郷の士族株を買ったのだ。東郷は、鹿児島県第一尋常中学をとびぬけた首席で通し、一九〇一（明治三四）年九月第七高造士館に進学したが、ここでも文科の首席（法科は大島直道）であった。東大卒業後、外交官となり、一九三八年ドイツ大使であったが、松岡洋右によりソ連へ移された。一九四一年、東条内閣の外相として入閣、日米交渉というもっとも困難な仕事にあたっていた。

開戦後、東条内閣を追われていた東郷が再び鈴木貫太郎内閣の外相として入閣したのは、終戦工作のためであった。阿南陸相と激論のすえ、ポツダム宣言受諾にこぎつけたが、戦後は一九五〇年A級戦犯として服役中、病死した（六八歳）。

一方、朝河は終戦後も日本の将来について憂え、日本人が四人集まれば一致点を見出す、これは「無争の妥協」でしかないと真の主体性の確立の必要を説いた。同時にアメリカ人に対しては、「謙虚さという教科を学ばなければいけない。民主主義は絶えざる自己点検を必要とする」との発言をつづけながら、一九四八年ワーズボロで一人しずかに病死した。

太平洋戦争中のアメリカで、最大の敬意と活動を保証された二人の日本人がいた、もちろん一人は朝河博士、もう一人は田代四郎助シンシナチ大学教授である。田代は東郷町出身で、東郷と第一尋常中学で席を並べた間柄である。当時の成績表には、田代が「薩摩郡平民」、東郷は「日置郡士族」と書いてある。中学卒業後、アメリカへ渡った田代は、ノーベル賞の最有力候補となる研究を発表した後、シンシナチ大学の正教授となった。在米の日本人では野口英世のつぎに医学博士号を受けた。

野口博士は、朝河博士とエール大学で、猪苗代湖をはさんだ生まれ故郷の会

朝河貫一（右）と東郷茂徳

津と二本松のことを語り合った仲である。二人の故郷は戊辰戦争で薩軍に痛めつけられ、維新後は冷遇された地域である。

鹿児島の中でも、東郷は「壺屋」、田代は「平民」、大島直道は、「島人」と差別を受けた。東郷の親友だった直道は、島人を差別する風潮に挑戦し、自分の雨傘に「大島人直道」と大書して歩くという型破りの逸物であった。直道の兄直治も小学校卒のまま独学で東大を卒業し、九大名誉教授となった。直治は来日中のルーズベルト大統領夫人に奄美の本土復帰の請願をした。

彼らは、周囲の差別に反抗して歯をくいしばって勉強した。彼らの鍛えられた人格が、その後の人類愛に根ざした普遍的な仕事を支えていた。

薩摩を支えた人材は、維新の英雄ばかりではない。まして東郷茂徳や田代四郎助だけではない。私達自身が身の回りの歴史を大切にしながら、歴史を見通すしっかりとした眼をもつことを先人たちが教えている。

鹿児島観光の未来―自然と歴史―

二〇二二年七月発売の『米誌タイム』が掲載した「2022世界で最も素晴らしい場所50選」に九州が選ばれた。日本からは瀬戸内と二カ所である。インドネシアのバリ島やオーストラリアのグレートバリアリーフなど世界的な観光地と並んで選出された。

「火山がもたらした美」として九州の温泉地を挙げている。確かに東アジアの中で日本は温泉に恵まれている。指宿の砂蒸し温泉と、雨は降らないのに傘をさす人がいるのが不思議な光景だと、私はかつてシンガポール大学にあった雑誌で見たことがある。はるか昔の一五四九年来日したF・ザビエルも、指宿の砂蒸しに驚いている。桜島が七月二四日、爆発的噴火をして全国放送されたが、このくらいの噴火は私が記憶しているだけでもいくつかある。鹿児島市民は日常茶飯事として普通に暮らしている。ただし、大量の火山灰が降るので外出に傘が必要なのだ。金や硫黄の鉱物資源は火山の恵みである。大航海時代、外国人は金と硫黄を求めて日本に殺到したが、その最大の産地が薩摩であった。

霧島と坊津は映画007のロケ地になった。

一九三四年、日本で最初に国立公園に指定されたのは霧島・雲仙・瀬戸内海の三カ所。三カ所とも外国人にとって景観が美しかった。景色の良い温泉地は恰好の湯治場であったが、幕末の薩摩藩主島津斉彬にとっては仕事場・ワーケーションの場であった。斉彬は製鉄・造船・紡績・ガラス・モールス通信・活版印刷・写真・ガス灯などの集成館事業を始め、日本の産業革命のパイオニアとなった名君であったが、超多忙ながら就封した年（一八五一）に指宿で一カ月余を過ごした。釣りを楽しんだだけでなく、指宿の豪商浜崎太平次と海運を談合し、郷士の軍事演習を行うなど公務を執っている。

指宿には代々の殿様が訪れた「殿様湯」があった。殿様が息抜き静養に来ていたと思われ勝ちだが、斉彬に限っては指宿が仕事場であった。一八五八年（安政五）三月、幕府伝習艦咸臨丸が山川港へ入港したときは、わざわざ迎えに来ている。このほか、斉彬は指宿特産の白粘土（カオリン）を発掘し、白薩摩焼や耐火煉瓦の研究をしている。耐火煉瓦は大砲を鋳造する反射炉に必要だった。本草学の造詣が深い斉彬は、山川薬園を視察し、薬種の製造研究にも余念がなかった。山川は全国的に有名な「山川報歳」という蘭の産地でもあった。この蘭は幕府などへ献上された。

山川港は琉球王国との玄関口であり、海外の最新情報が真っ先に入手できた。海商太平次には琉球交易（中国との朝貢貿易）による財政改革を諮問したと思われる。

斉彬は治世七年余で急逝したが、指宿の長期滞在は療養も兼ねていた。斉彬が日本のワーケーション第一号とした地が、指宿温泉であった。

現在指宿は、メディポリスポリスとして高度の医療を提供している。未来の観光地指宿の姿が、幕末にあったと言える。

日本初の国立公園霧島も、最後の藩主島津忠義のお狩場と湯治場であった。霧島では現在、国際的にレベルの高い霧島国際音楽祭が毎年開催されている。霧島アートの森では「ＹＥＳ！小野ヨーコ展」など世界的に話題となる企画展があった。芸術と文化は今や観光の大きな魅力となっており、芸術文化は地方にとっては第四次産業と言っていい。

鹿児島県には国立公園が四つもある。霧島・錦江湾（桜島）、屋久島、雲仙・天草（獅子島・長島）・奄美群島である。薩摩硫黄島・霧島・桜島は日本ジオパークに指定されており世界ジオパーク指定を目指している。またベッコウトンボの藺牟田池・ウミガメの産卵地屋久島永田浜・ツルの渡来地出水は、世界に重要な湿地としてラムサール条約に登録されている。

鹿児島県は南北六〇〇キロメートル、東西二三〇キロメートルに広がっている。中国やアメリカのような大国ではないが、北緯二七度から三二度に位置する鹿児島県には、亜熱帯から暖温帯・冷温帯の三つの気候帯がある。鹿児島県に日本列島のほぼ半数にあたる約三四〇〇種の高等植物があるのはこの三気候帯のお陰である。野鳥も多くの種類が鹿児島県で観測されている。屋久島は三気候帯が垂直分布している。海岸部にハイビスカスが咲き、冬の宮之浦岳は氷の世界である。食材が豊富なため食の魅力は尽きない。アマン壺畑やダイコン矢倉は鹿児島ならではの食景となっている。世界無形遺産の日本料理のダシ(出汁)に鹿児島産の鰹節は欠かせない。アフターコロナの観光は食を生産地で味わうことが、普通になるだろう。

江戸時代、薩摩藩七二万石は琉球王国を含んでおり、その支配領域は本州の長さと同じであった。東シナ海(East China Sea)を挟んで鹿児島・上海・福建・那覇は、一辺八〇〇キロメートルの菱形の頂点に位置している。この海域では、黒潮の潮流と季節風による文化・経済交流が盛んであった。火縄銃やキリスト教の伝来だけでなく、サツマイモや黒砂糖など、あらゆる産物がまず薩摩に伝来し根付いた。大島紬やイモ焼酎もそうだ。

鹿児島県は、北海道に次ぐ農畜産生産県である。現在の円安危機は、むしろ農畜水産物を海外へ輸出する体制づくりのチャンスととらえるべきである。現在、熊本県のイチゴは翌日には香港の店頭に並んでいる。シンガポールのチャンギ空港には、全農の商品が展示されている。那覇空港からインドネシアまで四時間以内で商品を保冷空輸できる時代である。那覇空港の第二滑走路は、東南アジア向けの国際物流ハブ空港としてもっと活用されるべきであろう。

二〇二二年三月期に、一億円以上の報酬となる上場企業（二三五五社）の役員が六六三人に上った。二一年度の社長・CEOの報酬（中央値）は日本が一・三億円であるのに対し、米国一七・九億円と一三倍の開きがある。ドイツは七億円、フランスは六・三億円であり、日本の役員報酬の水準はまだ低い。世界的に経済格差が広がる恐れがあるが、富裕層五〇〇〇万人を抱える人口一四億人の中国が九州に隣接していることは、これからの観光にとって有利な条件である。大型クルーズ客船の九州寄港が多くなっており、遊覧飛行機による旅のメニューも珍しくなくなるであろう。

観光は関連産業の発展を促す総合産業である。良質な旅を求めるインバウンドの客が増えることは、鹿児島の経済浮揚に繫がる。従来のような食糧基地の評価に甘んじてはならない。

鹿児島県では、一九九三年日本初の世界自然遺産屋久島が誕生し、二〇二〇年奄美大島・徳之島が加わった。二〇一五年には「明治日本の産業革命遺産」が世界文化遺産に登録されている。自然遺産が二つも同じ県にあるのは鹿児島県だけである。

私が座長を務めている奄美群島新ビジョン懇話会では、二〇二二年三月二三日、「奄美群島成長戦略ビジョン二〇三三」の骨子案を、奄美群島町村議長会に提言した。持続可能な観光まちづくりを目指して、一〇年後の奄美の将来像を提示したものである。その中で「奄美群島の持続的な経済成長や域内循環率を高めるためには、農林水産業やものづくりによる域内の自給率の向上や、群島の自然や文化、独自の素材・環境などを活かした観光関連業・情報通信業などの産業振興も必要である。さらには、これらを着実に推し進めるための基盤として、再生可能エネルギーの導入や、各種取り組みの課題解決のためのＤＸの展開についても積極的に推進すべきである」とした。オーバーツーリズム、専門的なガイド養成など課題は多いが、エコツーリズム、グリーンツーリズムなどを軌道に乗せるべきである。

鹿児島は「明治維新のふるさと」といわれる。西郷隆盛・大久保利通・大山巌・東郷平八郎など明治維新の英傑が輩出した加治屋町を、米国の国務長官は「Heroes' Town（英雄たちの町）」と言った。「ラストサムライ」西郷や、「東洋のネルソン」東郷は、海外でも有名である。

「中国の西郷隆盛」黄興は、辛亥革命の二年前、一九〇九年に南洲墓地の西郷隆盛の墓参りをしている。そのとき西郷を偲んで漢詩を賦した。中国・日本の偉人たちは、間違いなく歴史遺産である。歴史の学びは、不滅の観光の目的の一つとなる。幕末日本は外圧の危機をチャンスに変えて、近代国家に生まれ変わった。今、地球温暖化や新型コロナウィルス・パンデミックの世界的危機をチャンスに変えて、平和な未来を築くときである。鹿児島・九州観光の未来は明るい。

おわりに

本書は六年間にわたって放送してきた「かごしま歴史散歩」の放送のシリーズ六〇回ほどの中から、主要なテーマを取り、一書として再構成してみた。

放送の解説にあたっては、鹿児島の歴史を現代的視点から掘りおこそうという一貫した意図があった。それと同時に、なるべく現場に臨んで、急速に変貌していく地域社会の姿を映像に記録しておこうという狙いもあった。放送の成果があったとすれば、ひとつにはふる里の記念アルバムを残せたことであろう。さらに視聴者のご関心を長年いただけたことは、もっとも嬉しいことであった。

この「かごしま歴史散歩」の放送がこれまで成り立ってきたのは、取材に協力された地元市町村関係者・研究者・鹿児島放送局の方々の共同作業の上であることはいうまでもない。また、本書の制作・編集は放送シリーズの記録をもとに鹿児島放送局で書きおこされた草稿から、さらに取材資料を補充して構成し直したものと、私がこれまでに同じような研究テーマで取材・調査してまとめてきた講演録・論文の中から適するものを取り入れて書き直した。

まだまだ多くの書き残した事蹟がある。ただ嬉しいことは、この後に「かごしま歴史紀行」が新しく放送制作されていくことであり、身近なふる里の歴史が、さらにさまざまな角度から掘りおこされていくことだろう。本書はそうした新しい挑戦へ向けてのひとつの区切りとして意義をもつ、今後とも社会教育に利用していただければ望外の幸せである。
おわりに本書の刊行に際してご尽力いただいた湯川賛平氏に御礼を申上げます。

一九八六年五月一二日　原口　泉

参考文献

○『鹿児島県史』全五巻　昭和一四年四月～四二年三月　鹿児島県
○原口虎雄『鹿児島県の歴史』昭和四八年一〇月　山川出版社
○『藩法集』八　鹿児島藩上・下巻　昭和四四年三月　創文社
○山本正誼編『島津国史』昭和四七年一二月　鹿児島県地方史学会
○『三国名勝図会』全五巻　昭和五七年八月　青潮社
○『薩隅日地理纂考』昭和四六年一二月　鹿児島県地方史学会
○本富安四郎『薩摩見聞記』昭和三七年　鹿児島県高等学校歴史部会
○鹿児島県土木課編『鹿児島県維新前土木史』昭和九年一二月
○『鹿児島のおいたち』昭和三〇年五月　鹿児島市
○『鹿児島市史』全三冊　昭和四四年二月～四六年二月　鹿児島市
○『鹿児島市内の史跡めぐり』昭和五九年三月　鹿児島市教育委員会
○『鹿児島県教育史』上・中・下　昭和三五年四月～三六年六月
○南日本新聞社編『鹿児島百年』上・中・下　昭和四三年一月～三月　春苑堂書店
○『鹿児島大百科事典』昭和五六年九月　南日本新聞社
○『名瀬市誌』上・中・下　昭和四三年三月～四八年三月　名瀬市
○『坊津町郷土誌』上・下　昭和四四年一二月～四七年一二月　坊津町
○芳即正『島津重豪』昭和五五年一二月　吉川弘文館
○原口虎雄『幕末の薩摩』昭和四一年四月　中央公論社

■著者紹介

原口　泉（はらぐち　いずみ）

1947年、鹿児島市生まれ。米国ネブラスカ州立大学付属ハイスクールと鹿児島県立甲南高等学校卒業、東京大学文学部国史学科卒業。東京大学大学院博士課程単位取得後、1979年に鹿児島大学赴任。鹿児島大学教授時代には生涯学習教育研究センター長を兼務。2012年から2021年まで鹿児島県立図書館館長。現在、志學館大学人間関係学部教授。鹿児島大学名誉教授。

専門は日本近世・近代史。

大河ドラマ「翔ぶが如く」「琉球の風」「篤姫」「西郷どん」連続ドラマ小説「あさが来た」でいずれも時代考証。

著書『西郷隆盛はどう語られてきたか』『近代日本を拓いた薩摩の二十傑』『薩摩藩と明治維新』『渋沢栄一「論語と算盤」を読む』『日本人として知っておきたい琉球・沖縄史』他多数。

2022年、鹿児島県民表彰受賞。

＊本書は、1986年日本放送出版協会から刊行された版に増補して刊行するものである。

増補版　かごしま歴史散歩

二〇二四年六月十日　第一刷発行

著　者　原口　泉
編　者　ＮＨＫ鹿児島放送局
発行者　向原祥隆
発行所　株式会社南方新社
〒八九二—〇八七三
鹿児島市下田町二九二—一
電話〇九九—二四八—五四五五
振替口座〇二〇七〇—三—二七九二九

印刷製本　シナノ書籍印刷株式会社
定価はカバーに印刷しています
乱丁・落丁はお取替えします
ISBN978-4-86124-506-0 C0021